Carl Bruhns

Briefe zwischen A. v. Humboldt und Gauss

Carl Bruhns

Briefe zwischen A. v. Humboldt und Gauss

ISBN/EAN: 9783744690645

Hergestellt in Europa, USA, Kanada, Australien, Japan

Cover: Foto ©ninafisch / pixelio.de

Weitere Bücher finden Sie auf **www.hansebooks.com**

BRIEFE

ZWISCHEN

A. v. HUMBOLDT UND GAUSS.

ZUM HUNDERTJÄHRIGEN GEBURTSTAGE VON GAUSS

AM 30. APRIL 1877

HERAUSGEGEBEN

VON

DR. K. BRUHNS,
PROFESSOR UND DIRECTOR DER STERNWARTE IN LEIPZIG.

LEIPZIG,
VERLAG VON WILHELM ENGELMANN.
1877.

Vorwort.

Je höher die Stellung, welche ein Mann in der Wissenschaft einnimmt, desto schwieriger ist die Aufgabe eine erschöpfende Biographie zu schreiben und darin liegt hauptsächlich die Ursache, warum uns Deutschen von einem Manne wie GAUSS noch eine Lebensbeschreibung fehlt. Der bevorstehende hundertjährige Geburtstag am 30. April dieses Jahres wird hoffentlich die Veranlassung zu einer Biographie werden, und da ich im Besitze einer Anzahl interessanter, besonders von beiden Gebrüdern HUMBOLDT an GAUSS gerichteter und anderer Briefe bin, die sich auf Berufungen von GAUSS beziehen, so glaube ich den bevorstehenden Jubeltag nicht besser feiern zu können, als dadurch, dass ich diese Briefe publicire.

Die Briefe A. v. HUMBOLDT's an GAUSS sind ein Auszug aus einer Sammlung von Briefen, die ich noch als Quellen zu: »ALEXANDER VON HUMBOLDT, eine wissenschaftliche Biographie, Leipzig 1872« dem Publikum schuldig bin und die noch in diesem Jahre erscheinen wird. Die Originale der HUMBOLDTschen Briefe befinden sich im Besitze der Königl. Societät der Wissenschaften in Göttingen, welche mir gütigst den Druck gestattet hat; die übrigen Briefe verdanke ich den Herren Dr. FOCKE in Bremen und der Königl. Sternwarte in Berlin, welche mir die HUMBOLDT'schen Manuscripte zur Verfügung gestellt hat; endlich ist ein Theil durch Kauf in meinen Besitz gekommen.

Am zahlreichsten sind die A. v. Humboldt'schen Briefe an Gauss. Die geringe Anzahl der Briefe von Gauss an A. v. Humboldt hat darin ihren Grund, dass Humboldt alle Briefe an sich, die er nicht unmittelbar als Manuscript gebrauchte, vernichtete; nur die letzten sind durch den ehemaligen Kammerdiener Seifert erhalten worden und in meinen Besitz gekommen.

Die Briefe sind chronologisch geordnet und in einem Register zum Schlusse ist der Hauptinhalt angegeben. Die Humboldt'schen Briefe sind möglichst correct wiedergegeben, bei einigen unleserlichen Stellen sind Fragezeichen aufgeführt und wenige weggelassene persönliche Ausdrücke sind durch Punkte bezeichnet. Die Briefe von Müffling und Lindenau sind theils nur so weit gegeben als sie auf Gauss Bezug haben.

Ich wage zu hoffen, dass diese Briefe einen kleinen Beitrag zu der Gauss-Biographie liefern und als solcher freundlich aufgenommen werden.

Leipzig im März 1877.

K. Bruhns.

1.
Fr. Perthes an Dr. Olbers in Bremen.

Hamburg 1807 April 18.

Wohlgeb. Hochzuehrender Herr Doctor!

Vor einigen Wochen schrieb ich Ihnen abschläglich in Hinsicht Ihres gütigen Antrags des GAUSS'schen Werks.*) Zu dieser Zurückweisung wurde ich besonders dadurch bewogen, dass ich auf JOH. MÜLLER's Universalhistorie entrirt hatte, die das von mir für Verlagsunternehmungen bestimmte Kapital beschäftigte. Die Zeitumstände verschieben die Herausgabe dieses Werks auf ein paar Jahre und ich entrire nun gern auf das GAUSS'sche Werk. Wollen Sie die Güte haben mich näher mit dem Werk in Hinsicht des Drucks zu unterrichten (mir etwa ein Buch zu nennen, mit welchem es gleichförmig gedruckt werden soll); mir zu schreiben ob der Text lateinisch ist, was ich für gut halte und endlich wie die Bedingungen des Herrn Verfassers sind?

Verzeihen Sie dass ich Ihnen eine doppelte Mühe gemacht habe. Mit der vollkommensten Hochachtung

Ew. Wohlgeb.

gehorsamster Diener

Fr. Perthes.

2.
A. v. Humboldt an Gauss.

Herr LA PLACE trägt mir auf Ihnen, verehrter Mann, die anliegende Schrift als ein Zeichen seiner Bewunderung und innigsten Hochachtung zu überreichen. Ich bin oft Zeuge der Empfindungen

---

*) Die Theoria motus corp. coel.

gewesen, mit denen dieser tiefsinnige Mann von Ihnen spricht. Sie sind der Stolz unseres deutschen Vaterlandes, und so wenig ich auch im Stande bin Ihre Grösse ganz zu fühlen, Sie in Ihrem ganzen Umfange zu fassen, so gebe ich doch gern dem Wunsche nach Ihnen Selbst die kleine Gabe meiner innigen und unbegrenzten Verehrung darzubringen. In Augenblicken wo das Vaterland unter physischer Kraft erliegt ist es erhebend sich an dem Anblicke zu weiden, den Männer Ihrer Art gewähren. Möge das Schicksal Ihnen Ruhm und eine Lage verleihen, in der Sie ganz Sich Selbst, der Wissenschaft und Ihrem Ruhme leben können.

Berlin d. 14. Juli 1807. **Al. Humboldt.**

3.

A. v. Humboldt an Gauss.

Wir haben es gewagt, mein Freund, Hr. OLTMANS und ich, Ihren Namen, Verehrungswerther Herr Professor, einem astronomischen Werke vorzusetzen, das was es lehrreiches und gründliches enthält, meinem Freunde verdankt. Entfernt seit einer langen Reihe von Jahren von unserem deutschen, gemeinsamen Vaterlande, auf neue Reisen mich vorbereitend, bin ich deutschem Ruhme nicht genugsam entfremdet, um mich nicht Ihrer und Ihrer grossen Arbeiten zu erfreuen. Die erste und einzige Bitte die ich je an den König von Preussen habe gelangen lassen, wenige Wochen nach meiner Rückkunft nach Europa, betraf Sie. Es hat nicht von mir abgehangen, dass Ihnen nicht eine **glänzende** Lage in meiner Vaterstadt bereitet wurde. Ich schätze mich glücklich eine Gelegenheit gefunden zu haben, Ihnen einen schwachen Beweis meiner tiefen Bewunderung und Verehrung geben zu können. Es ist ein Genuss den mein hiesiger Aufenthalt mir täglich gewährt, Ihren Namen so aussprechen zu hören, als es einem deutschen Gemüthe, unter dem Drucke äusserer Begebenheiten wohlthut.

Ich bitte Sie theuerster Herr Professor meinen Lehrern und Freunden, den vortrefflichen HEYNE, BLUMENBACH, REUSS, MAYER, SCHRADER und HARDING mich innigst zu empfehlen. Ich kann nie ohne Rührung an den Ort zurückdenken, den Sie jetzt bewohnen und in dem ich die frohesten Tage einer mit Hoffnungen erfüllten, noch ungetäuschten Jugend verlebte. *Paris à l'Observatoire Imperial d. 28. Dec. 1809.*

Alexander Humboldt.

4.

W. v. Humboldt an Gauss.

Ew. Wohlgeboren grosses und allgemein anerkanntes Verdienst um die mathematisch astronomischen Wissenschaften macht Ihren Besitz für die hiesigen höhern wissenschaftlichen Institute der Section des öffentlichen Unterrichts ganz vorzüglich wünschenswerth, und es ist ihr erfreulich, von des Königs Majestät zu Ihrer Berufung autorisirt zu sein. Entschliessen Sie Sich, hieher zu kommen, so werden Sie vorzüglich nur bei der Königl. Akademie der Wissenschaften, aus deren anliegendem Schreiben Ew. Wohlgeboren den Wunsch derselben Sie als anwesendes ordentliches Mitglied zu besitzen ersehen werden, thätig sein und aus deren Fonds beinah das ganze Ihnen auszusetzende Jahrgehalt von 1500 Thlr. beziehen, zum Lesen von Collegien auf keine Weise verbindlich gemacht, nur von der unterzeichneten Section ersucht werden, der hier zu stiftenden Universität Ihren Namen als ordentlicher Professor zu leihen und, so viel es Ihre Musse und Gesundheit zulassen, von Zeit zu Zeit eine Vorlesung zu halten. Was sonst irgend zu Ihrer Zufriedenheit geschehen kann, wird die Section des öffentlichen Unterrichts ins Werk zu richten sich gewiss bemühen, und auf jede ihr mögliche Art Ihnen Beweise der grossen Achtung geben, die sie gegen Sie, gegen Ihre Verdienste und Wissenschaft hegt. Einer baldigen Erklärung auf ihren Antrag sieht sie erwartungsvoll entgegen und hofft, dass diese nicht ungünstig ausfallen werde.

Berlin den 25. April 1810.

Section im Ministerio des Innern für den öffentlichen Unterricht.

Humboldt.

5.
W. v. Humboldt an Gauss.

Berlin 27. Apr. 1810.

Ich kann nicht läugnen verehrtester Herr Professor, dass ich mich seit langer Zeit in keiner gleich peinlichen Ungewissheit befunden habe, als indem ich die Inlage abgehen lasse. Seitdem ich mein jetziges Amt bekleide, war es mein sehnlicher Wunsch, Sie hier zu besitzen. Seitdem die Universität fest hier beschlossen war, dachte ich mit Eifer und Ernst darauf, jetzt endlich ist es mir gelungen, Ihnen bei der Akademie der Wissenschaften eine Lage anbieten zu können, die Ihrer Neigung, Sich ungestört Ihrem Studio hinzugeben, angemessen scheint, und nun schwebe ich in wirklich beunruhigenden Zweifeln, ob Sie meinen Ruf annehmen, oder Ihren jetzigen Aufenthalt vorziehen werden. Meinen Wunsch Sie für uns zu gewinnen, brauche ich nicht zu entschuldigen; er ist zu gerecht in jeder Rücksicht. Meine Pflicht ist es Ihnen zu sagen, warum ich glaube, dass Sie vielleicht der Bitte der Akademie und der meinigen Gehör geben könnten. Ich verkenne sicherlich die Vorzüge Ihres jetzigen Aufenthalts nicht. Aber ich glaube mit Sicherheit behaupten zu können, dass Sie hier eine freiere und ungestörtere Musse finden würden. Sie sind als Akademiker bloss zu freien und nur zu solchen Arbeiten berufen, die Ihnen selbst Freude machen; bei der Universität entbinde ich Sie, wie Sie es wünschen, jeder Verpflichtung, und es giebt daher nichts, was Sie auf dem Wege stiller, abgezogener und ruhiger Forschung aufhalten könnte. Die Akademie hat Sie mit einer Uebereinstimmung und einer Freude gewählt, die Ihnen die erfreulichste Aufnahme verspricht, die mathematische Klasse besonders wünscht auf das lebhafteste Sie in ihrer Mitte zu sehen, und ich werde gewiss mich unablässig beeifern, Ihnen Beweise der grossen und lebhaften Achtung zu geben, die ich für Sie hege, und Ihre Lage so angenehm, als immer möglich, zu machen. Wenn überhaupt, wie ich mit Wahrheit und Unpartheilichkeit ansehen kann, Gelehrte hier von allen Seiten mit grosser Liberalität behandelt werden, so wird man sich besonders bemühen, einem Mann, wie Sie, wenn er einmal gekommen ist, auch Veranlassungen zu geben, gern unter uns zu bleiben. Dies musste ich Ihnen sagen und konnte es mit Wahrheit. Uebrigens bin ich weit entfernt, Sie überreden zu wollen. Ich fühle, wie viel Werth man auch mit Recht darauf legen wird, Sie dort festzuhalten, und mein Wunsch, Sie zu gewinnen, wird mich nie unbescheiden machen. Nur Ein Wort erlauben Sie mir noch hinzuzusetzen. Schlagen Sie meinen Ruf aus Gründen aus, die in Göttingen selbst, in Ihren dortigen Verhältnissen, in dem Wunsch Ihrer Regierung liegen, Sie nicht ausscheiden zu sehen, so muss ich bedauern, dass wir auf Sie Verzicht leisten müssen, kann aber nicht anders, als diese Gründe ehren. Sollte hingegen Ihr Ablehnen aus Zweifeln entstehen, die Sie in Rücksicht der äusseren Ihnen angebotenen Bedingungen hätten, so bitte ich Sie wenigstens erst Sich noch einmal an mich zu wenden. Sie können sicher überzeugt sein, dass es nie und nimmer geschehen könnte, und nie geschehen würde. Doch genug von der Ungewissheit. Vielleicht machen Sie meinen Kleinmuth zu Schanden, und erfreuen uns mit einer zusagenden Antwort. Gewiss würde ich dann den Tag, an dem ich dies erführe, als einen der glücklichsten für unsere neue Anstalt bezeichnen. — Verzeihen Sie verehrtester Herr Professor, die Wärme und die Freimüthigkeit dieses Briefs. Aber mit einem Manne den ich so innig hochschätze, wäre es nie an sich unmöglich uneins zu werden, und ein anderer Entschuldigungsgrund für diese Freiheit mag die Verbindung sein, in welcher mein Bruder mit Ihnen steht, der mir so oft von Ihnen mit den Gefühlen geschrieben hat, die ich so ganz mit ihm theile. Erfreuen Sie mich bald mit einer Antwort, und nehmen Sie noch einmal die Versicherung meiner hochachtungsvollsten Ergebenheit an.

Humboldt.

Noch muss ich Ihnen mit einigen Worten sagen, dass zu gleicher Zeit mit Ihnen an die Universität und Akademie ILLIGER, RUDOLPHI und OLTMANS berufen sind, die alle bereits zu kommen erklärt haben. REIT ist schon hier. Von Juristen kommt SAVIGNY aus Landshut in einigen Wochen.

6.
Frau Hofräthin Waldeck an Dr. Olbers in Bremen.

Göttingen den 14. März 21.

Mein höchst verehrter Herr Doktor!

Seit 3 Wochen krank an einem bösen Schnupfenfieber — schreibe ich Ihnen im Bett mit schwacher Hand. Der Gegenstand liegt meinem Herzen zu nah als dass ich meine völlige Herstellung erwarten könnte — und ich glaube es ist keine Zeit zu verlieren. — Unser trefflicher GAUSS ist in seinem hiesigen Verhältniss so unglücklich wie möglich, — theils durch seine collegialischen Verhältnisse, mit dem der ihm so nahe ist, weil er nicht die kleinste Hülfe hat, und da Sie mein theurer Herr Doktor wissen — dass tiefes Denken und Rechnen sein Lieblings-Studium ist, so fühlt er sich schon dadurch nicht an seinem Platz; nun kommt das übrige dazu dass er Ihnen aufrichtig gesagt — wegen der Zukunft gerechte Sorge hat. Die Veranlassung meines Briefs ist, dass mir meine Tochter vor einigen Tagen versicherte sie sei so besorgt um seine Gesundheit — sein Mismuth sei so gross dass — wenn nicht bald Hülfe kommt so gehe es nicht gut. Es war recht betrübt dass er diesen Sommer den Fürst HARDENBERG nicht sprach, da war er verreist und dem wollte er es sagen. Vor mehrern Jahren hatte er den schönen Ruf nach Berlin ehe er mein Sohn wurde. Dass ich mich darein mische, da wage ich, wenn es GAUSS erführ, unbedingt mein **zeitliches Glück, und nicht ich allein, sondern meine gute Tochter wär lebenslang völlig unglücklich durch mich,** denn Sie kennen meinen guten Schwiegersohn vielleicht nicht von der Seite wie verschlossen er über seine Lage ist und wie er das Klagen meiner Tochter und mein Einmischen uns nie vergeben würde — und nur im engsten Vertrauen klagte mir dieses meine Tochter. **Weiter sage ich Ihnen nichts und es ist gewiss genug, und dieser Brief wird von Ihrer gütigen Hand selbst verbrannt!!!**

Bringen Sie es mein bester Herr Doktor recht laut zur Kunde, dass er sich von hier weg wünscht und wirken Sie wo Sie können für sein Bestes; dass er, der wohl ein behagliches Leben fordern könnte, sich Tag und Nacht ums liebe kärgliche Brod quälen muss, ist hart. — Es ist keine gute Arznei dass ich Sie mein lieber Herr Doktor bitte, GAUSS den ich wie meinen Sohn liebe, und meine liebe liebe Tochter, mit ihren herzlichen Kindern von hier zu helfen — so darf so kann es nicht bleiben! Denn wie kann ich mich freuen sie unglücklich zu sehn — oft ist er ganz lebenssatt. Antworten Sie mir nicht mein theurer Herr Doktor — darum bitte ich Sie so sehr — ich trau auf Sie dass es gewiss alles zum besten geschieht und so leicht könnte meine Tochter etwas davon sehn: ich nehme mir die Erlaubniss auf den Brief zu merken, dass Sie selbigen doch allein lesen möchten. Ihrem freundschaftlichen Wohlwollen empfehle ich mich nebst meinen Kindern angelegentlich

gehorsamst
Ch. Waldeck geb. Wyneken.

7.
General von Müffling an Gauss.

Berlin d. 14. April 1821.

Ew. Wohlgeb. hier bei uns zu haben ist ein Wunsch, den ich lang genährt habe — nicht für die praktische Astronomie, denn noch lässt sich nicht übersehen, wann wir den Bau einer ordentlichen Sternwarte beginnen können — aber für die Akademie und Universität. — Ob dies mit ihren Wünschen übereinstimmen würde, ist freilich eine andere Frage, indess wenn Ihre Gradmessung vollendet ist, so würde sich doch hier ein grösserer Wirkungskreis für Sie öffnen. Wir sind freilich gerade jetzt in einer bedrängten Zeit, jedoch thut man was man kann. Wenn Ew. Wohlgeboren mir Ihr Vertrauen schenken wollten, so gebe ich Ihnen mein Wort, dass Sie wenigstens bei mir keinen Missbrauch zu fürchten haben und nicht compromittirt werden können. Hätten Sie eine Neigung zu uns zu kommen, jetzt oder später, so würde ich überlegen wie es zu machen sei, um mit Ihrer Zustimmung mit dem Minister von ALTENSTEIN, mit dem Fürsten Staatskanzler und wenn es nöthig wäre mit dem König reden. Meine Stellung berechtigt mich dazu, und wenn ich aus dem Vergangenen auf die Zukunft schliesse, so darf ich mir schmeicheln, dass meine Unterredungen nicht ohne Erfolg sein würden. Kein Mensch würde übrigens hiervon ein Wort erfahren, die Sache möge nun gelingen oder nicht.

8.

Müffling an Herrn v. Lindenau.

Ew. Hochwohlgeb. Schreiben vom 7. April erhielt ich heut früh. Nachmittag hatte ich eine Unterredung mit Minister v. ALTENSTEIN und wir waren sofort darüber einig dass bei billigen Bedingungen ein Mann wie G. hier eine ehrenvolle Anstellung bei der Akademie und der Universität finden soll. Heut Abend habe ich G. geschrieben, ihm meine Instruction gesendet und ihn gefragt ob er nicht Lust habe zu uns zu kommen? Ich habe ihn eingeladen mir mit Vertrauen zu schreiben, und ihm versprochen, dass er in keinem Fall compromittirt werde. Die Sache liegt also ganz in seinen Händen. Ob er mir aufrichtig schreiben wird ist die Frage und ich muss Ihnen überlassen zu beurtheilen ob es nöthig ist dass Sie ihm noch schreiben. Sie könnten ihm so als ob es von ohngefähr sei sagen dass ich' Ihnen mitgetheilt hätte wie schlecht es um die mathematische Klasse bei der Akademie stehe, wie TRALLES sich durch sein starres Wesen und Züge welche von keinem guten Herzen zeigten allgemein als Mensch verhasst gemacht habe und als Akademiker nicht thue was er solle — dass ich den Wunsch hätte ihn — G. in Berlin zu sehen etc.

Indess ich will nicht dafür bürgen dass das einen verschlossenen Mann wie G. doch einmal ist noch mistrauischer machen könnte. — Thun Sie was Sie gut finden. Hat G. Lust Göttingen zu verlassen so wäre es am besten er käme unter irgend einem Vorwande nach B. um hier alles in Ordnung zu bringen. Dies auf den Fall dass er kein Vertrauen zu mir hat. — In der Anlage erfolgt ein Exemplar meiner Instruction die ich freundlich aufzunehmen bitte, und nicht zu vergessen für welche Zwecke ich sie schreiben musste. — Ich liebe es auch nicht wenn man es versuchen muss die Wissenschaft zu einem Handwerk zu machen, aber es geht doch einmal nicht anders.

Von H. Zach habe ich auf meinen Brief noch nichts gehört. Ich fürchte er ist ungnädig, oder will erst abwarten wie es mit den Breiten-Bestimmungen vom Brocken und Seeberg wird. — In den Beispielen finden Sie die Rechnung zwischen Mannheim und Seeberg, nach dem von Nicolai bestimmten Azimuth vom Feldberg. Meine Geschäfte haben sich seit meiner Ernennung zum Chef des Generalstabes der Armee, (da der ehemalige General-Quartier-Meister-Posten ganz damit verbunden ist) dergestalt vermehrt, dass ich alle Detail-Arbeiten bei den Messungen, welche mir so viel Vergnügen machten, ganz aufgeben muss. Ich werde diesen Sommer bei einer meiner Reisen durch Thüringen kommen, und dadurch Gelegenheit finden meine hochachtungsvollen Gesinnungen Ihnen mündlich aufs Neue an den Tag zu legen.

Berlin 14. April 1821.   Müffling.

9.
Lindenau an Gauss.

1821 Novbr. 21.

... Müffling schreibt mir hierüber folgendes (d. d. 15. Nov. 1821) »Der Minister von Altenstein hat mich benachrichtigt, die Angelegenheit wegen Hofrath Gauss sei so weit gediehen, dass er zu wissen bedürfe, welche Forderungen Letzterer mache, um darüber dem König Vortrag machen zu können. Gauss wünscht nicht als ordentlicher Lehrer bei der Universität angestellt zu sein und Altenstein ist damit einverstanden, dass er nicht mit dem Alltäglichen geplagt werde, dass er jedoch sich nicht entzöge, vielversprechenden jungen Männern die letzte Feile und Mittel zur Ausbildung zu geben. Altenstein bezweckt hauptsächlich, dass G. dahin wirke, den erlöschenden Ruhm einer sonst berühmten Akademie wieder aufzufrischen, was Gauss am ersten zu erreichen vermag. Altenstein wünscht dem König spätestens gegen Neujahr Vortrag darüber zu machen und die Sache wird keine Schwierigkeit finden, wenn Gauss nicht über 2000 Thlr. verlangt. Letzterer könnte dann wohl seine hiesigen Verhältnisse gegen Ostern antreten.«

10.
Lindenau an Gauss.

1825 Jan. 6.

... Dies führt mich auf die angefangenen Verhandlungen mit Berlin, da ich glaube, dass Sie gerade dort so ganz Herr Ihrer Zeit sein würden, wie es das wahre Interesse der Wissenschaft erfordert; ich habe noch vor wenigen Wochen mit General MÜFFLING über diese Angelegenheit gesprochen, der an der königlichen Genehmigung Ihrer Bedingungen keinen Augenblick zweifelte und nur darüber eine baldige Auskunft von mir zu erhalten wünschte, ob die Versetzung nach Berlin noch in Ihrem Plane liege und wann Sie dahin kommen könnten. Durch TRALLES Tod ist jede Schwierigkeit beseitigt, die sich dort Ihrem Eintritt hätte entgegensetzen können.

11.
Müffling an Lindenau.

1825 April 1.

... GAUSS ist nun von der Akademie der Wissenschaften (nebst zwei andern PFAFF und BESSEL) dem König an die Stelle von TRALLES vorgeschlagen. Allein das Gehalt, nebst dem Secretariat, beträgt nur circa 1200 Thlr. Minister ALTENSTEIN (bei dem Alles etwas langsam geht) hat nun noch meine Unterstützung beim König verlangt, um das Uebrige zu verlangen. Ganz kurz aber höchst dringend habe ich das Bedürfniss dargestellt und bin dabei auf mein altes Project einer école polytechnique zurückgekommen, für welches auch ALEXANDER HUMBOLDT hier geworben hat. Ich habe aber bei der Gelegenheit recht kennen lernen, dass unsere deutschen Philologen ebenso intolerant wie die Jesuiten sind, und dass eine wahre Verbrüderung Statt findet, die Mathematik nicht aufkommen zu lassen. Ich hoffe, dass die GAUSS'sche Angelegenheit nun endlich zu Stande kommt und dass wenn er hier ist ich eine Stütze an ihm finde, damit wir die Mathematik in unserm Staate etwas in die Höhe bringen. Ich habe dem König gesagt, dass der Staats-Unterricht in der Mathematik bei andern Nationen da anfängt, wo er bei uns schliesst, dass sich zwar immer Mathematiker bei uns finden werden, dass aber dadurch, dass sie sich durch Selbststudium bilden müssen, die Leute in der Regel so schroff und einseitig werden, dass der Staat dann am Ende keinen Nutzen von ihnen hat. Und so sehe ich es hier alle Tage. — Sobald ich etwas Näheres erfahre, erhalten Sie sogleich weitere Nachricht.

12.
Lindenau an Gauss.

1825 April 20.

... Den anliegenden Brief von MÜFFLING wollte ich Ihnen persönlich überbringen und mündlich das Weitere besprechen, was dann aber leider durch ausser mir liegende Umstände unmöglich gemacht wurde. Dass Sie nicht allein sondern zugleich mit BESSEL und PFAFF vorgeschlagen wurden, ist vorgeschriebene Form; allein dass man vorzugsweise Sie wählen wird und wahrscheinlich auch alle von Ihnen gemachte Bedingungen zugestehen wird, ist mit Zuverlässigkeit zu vermuthen ohne jedoch jetzt ganz bestimmt darüber aussprechen zu können. Dass man anfängt davon im Publikum zu sprechen, ist nicht zu verwundern, da in Berlin aus dem dem König gemachten Antrag kein Geheimniss gemacht werden wird. Ich schreibe heute an MÜFFLING, um eine definitive Entscheidung zu beschleunigen und geschieht dann ein officieller Antrag, so liegt es noch immer in Ihren Händen, diesen oder die verbesserten Bedingungen aus Hannover anzunehmen. Ueber die Wahl selbst ist schwer zu rathen, da Individualität hiebei entscheidet und ich in den letzten Jahren mit Ihren häuslichen und persönlichen Verhältnissen doch zu fremd geworden bin, um mit einiger Einsicht das Vorzüglichere Ihrer Existenz in Berlin oder Göttingen beurtheilen zu können. Für Ihr geistiges Wirken würde mir Berlin als der günstigere Aufenthalt erscheinen.

Ist es möglich, so wäre es wohl gut, wenn Ihr Besuch in Hannover bis zum Eingang von MÜFFLING's nächster Antwort ver-

schiebbar wäre, weil ausserdem Verlegenheiten doch leicht entstehen könnten. Müssten Sie aber die Reise nach Hannover früher antreten, und würden Sie von dortigen Autoritäten darüber, ob Sie einen Ruf nach Berlin erhalten hätten befragt, so würde es nach meiner Ansicht ebensosehr mit Wahrheit als mit Klugheit vereinbar sein, eine solche Anfrage dahin zu beantworten:
»Dass Sie allerdings durch Freunde von der Absicht des Königlich Preussischen Gouvernements Ihnen einen Platz in der Akademie anzubieten unterrichtet worden wären, ohne dass jedoch ein Antrag selbst an Sie gelangt sei.«

Bei dieser Gelegenheit werden Sie dann auch vielleicht erfahren, was man Hannöverscherseits zu Ihrer Verbesserung zu thun geneigt ist, und hiernach am besten entscheiden, welche Existenz die vorzüglichere ist.

13.
Lindenau an Gauss.

1825 Juli 2.

... Für den möglichen Fall, dass aus Berlin noch keine directe Nachricht an Sie, verehrter Freund, eingegangen sein sollte, will ich Ihnen wenigstens das mittheilen, was mir MÜFFLING vor wenig Tagen mündlich erzählt hat. Alles ist zu Ihrer Berufung eingeleitet, und ALTENSTEIN würde bereits den deshalb erforderlichen Vortrag beim König gemacht haben, brächte es nicht die herkömmliche Form des Geschäfts mit sich, darüber noch vorher die Gutachten einiger Behörden zu erfordern; MÜFFLING war ausser sich über die lange Verzögerung einer Angelegenheit, die längst zum Abschluss hätte gebracht werden können, hoffte aber mit Zuversicht, dass dies unfehlbar im Lauf der nächsten Wochen der Fall sein werde.

14.
Müffling an Lindenau.

1824 November 28.

... Heute schreibe ich wegen unsers GAUSS, und zwar weil nun endlich und endlich unser guter vortrefflicher aber höchst langsamer Minister ALTENSTEIN mit der Sache so weit vorgeschritten ist, dass es folgendermassen steht:

Die Akademie der Wissenschaften, (von welcher p. GAUSS bereits auswärtiges Mitglied ist) hat sich erklärt, ihn als ordentliches Mitglied aufzunehmen und kann dazu 1700 Thlr. jährlich flüssig machen. Die mathematische Klasse wählt ihn in diesem Falle zum Secretär, wozu ein Gehalt von 300 Thlr. ausgesetzt ist. Dies wären 2000 Thlr. und erforderte bestimmte Pflichten, welche p. GAUSS kennen wird.

Darüber, dass er bei der Universität nicht angestellt wird, waren wir bereits alle einig. Da nun aber der Minister zur Herbeischaffung von der Summe, welche noch an seiner Stellung fehlt, einen Titel haben muss, so hat er den Antrag an den König gemacht (den ich auch unterstützt habe) dass der H. GAUSS ihn dem Minister in allem was das mathematische Studium betrifft, rathgebend oder leitend für öffentliche Angelegenheiten und Institute als Observatorien, polytechnische Institute etc. beistehe und sich unterzöge. Dies ist auch genehmigt und der Minister hat dafür die Bewilligung auf 6 bis 700 Thlr. erhalten, so dass von dieser Seite nun nichts mehr entgegensteht.

Ausserdem würde noch eine billige Reise- und Versetzungskosten-Vergütung zu erlangen sein.

Was die Stellung betrifft, so glaube ich, dass neben der als Akademiker sich keine ehrenvollere finden lässt, und wenn der Hofrath GAUSS sich mit dem Minister zu benehmen weiss, so bekommt er einen so grossen Einfluss auf das ganze mathematische Unterrichtswesen des Staats, wo er also ein grosses Feld hat und ausserordentlich nützlich wirken kann. Die Minister und die ersten Räthe werden ihm mit grossem Vertrauen entgegenkommen, alles übrige hängt von ihm selbst ab. Kommt es dazu, ein polytechnisches Institut zu bilden (wozu ich einen Plan entworfen habe) so würde er einen grossen Einfluss darauf üben, und dies ist zugleich eine Gelegenheit zu seiner Verbesserung.

Was den Gehalt betrifft, so kann ich mich nicht mehr erinnern, was die Wünsche von H. GAUSS waren. Ich dächte es wären 2400 Thlr. und ein Quartier gewesen.

Jetzt ist nun die Frage: ist H. GAUSS noch gesonnen diese Stelle, und so wie ich es hier auseinander gesetzt habe, anzunehmen?

Haben Sie die Güte, mein verehrter Freund, mir hierauf zu antworten.

Nimmt der Hofrath die Stelle an, wie ich vom Minister autorisirt bin sie ihm anzubieten, so ist dessen Wunsch, dass er bis Ostern 1825 eintritt. Es ist daher nicht viel Zeit zu verlieren. In diesem Falle rathe ich, dass der Hofrath mir sofort bestimmt schreibt und sich gleich über die drei Punkte erklärt: 1) Gehalt, 2) Entschädigung der Versetzung, 3) Zeit des Eintritts. Ein Naturalquartier ist nicht vorhanden, würde auch jedenfalls eine sehr genante Sache sein, da ein Familienvater besser selbst wählt, und bei Dienstwohnungen die Collisionen und der Verdruss unvermeidlich sind.

Ich würde bitten, dass Hofrath Gauss mir dann einen confidentiellen Brief schriebe, den ich vorlegen kann. Erwartet er eine Antwort darauf, so soll sie aufs Schnellste erfolgen. — Ich bin mit den Formen nicht bekannt, welche zu seinem Abgang von Göttingen nothwendig sind, welche Schritte dazu bei dem hannöverschen Gouvernement nöthig sind, auch ob eine officielle Berufung dazu nöthig ist. Das wird der Hofrath wissen und mir darüber schreiben.

15.

Lindenau an Gauss.

1824 December 4.

... Dass endlich in der Anlage ein bestimmter und, wie mir scheint, auf alle Weise ehrenvoller und günstiger Antrag geschieht, freut mich lebhaft, da ich überzeugt bin, dass bei einer Verlegung Ihres Wohnsitzes nach Berlin, ebensosehr Ihr persönliches Wohlsein als Ihr geistiges Wirken gewinnen wird. Denn der Ihnen angebotene Wirkungskreis ist ganz dazu geeignet, um Ihnen einerseits freien Spielraum für eigene Arbeit, andrerseits aber einen entschiedenen Einfluss auf die mathematische Bildung im Preussischen Staate überhaupt zu gewähren. Was die Form dieser Verhandlung anlangt, so glaube ich, dass solche, wenn Sie einmal den Abgang von Göttingen und unwiderruflich beschlossen haben, die sein müsste, dass Sie eine officielle Berufung von Berlin veranlassten, und darauf Ihre Entlassung in Hannover begehrten. Ob Sie nun unmittelbar oder ferner durch mich mit General MÜFFLING verhandeln wollen, darüber sehe ich Ihren weitern Mittheilungen entgegen.

16.
Lindenau an Gauss.

1825 Januar 4.

Wenn ich erst heute Ihre letzte freundliche Zuschrift beantworte, und dafür bestens danke, so geschah dies zunächst in Veranlassung des Wunsches, vorher eine Antwort aus Berlin zu erhalten. Diese ist vor wenig Stunden bei mir eingegangen und drückt, wie ich im Voraus erwartete, grosses Bedauern über Ihre abschlägige Antwort aus, da man mit Zuversicht hoffte, Sie für die preussische Monarchie gewonnen zu haben. General MÜFFLING wünscht nun andere Vorschläge von mir zu hören, was mich denn aber in grosse Verlegenheit setzt, da Ersatz eine Unmöglichkeit ist.

MOLLWEIDE und BUZENGEIGER sind mir eingefallen und ich möchte mir wohl Ihr entscheidendes Urtheil erbitten, wer von beiden der vorzüglichste Mathematiker ist. . . . . Mit herzlicher Freundschaft und Achtung Ihr

Lindenau.

17.
Dirksen an Olbers in Bremen.

Berlin, den 6. Januar 1825.

Wohlgeborner, Insonders Hochzuverehrender Herr Doktor!

Ew. Wohlgeb. habe ich noch meinen verbindlichsten Dank abzustatten für die erfreulichen Nachrichten, welche Sie mir hinsichtlich der bewussten Sache, mittelst Ihres geehrten Schreibens vom 15. November v. J., haben ertheilen wollen. Von dem Inhalte desselben einen besonders wichtigen Gebrauch zu machen, dazu fand ich um so weniger Veranlassung, indem ich sehr bald darauf in Erfahrung brachte, dass das Ministerium bereits jemanden beauftragt hatte, H. Gauss den bekannten Antrag, und zwar unter folgenden Bedingungen zu machen: Ganz allgemein sollte H. Gauss die Direction des mathematischen Unterrichts im preussischen Staate anvertraut, jede in dieser Beziehung zu treffende Massregel mit ihm besprochen, und die Besetzung der desfallsigen Lehrstellen nur nach seinem Gutachten vorgenommen werden. An keine Anstalt irgend einer Art sollte er, wider seine Wünsche, vorzugsweise näher gebunden sein; nur mit Ausnahme der Akademie der Wissenschaften allhier, deren ordentliches Mitglied er sein, und von welcher er mit dem Secretariat der mathematischen Klasse beauftragt werden sollte. Hierfür wäre von ihm an jährlichem Gehalte zu beziehen eine Summe von Zwei Tausend Reichsthaler aus der Kasse der Akademie, welche Summe das Ministerium noch um tausend Rthlr. aus seinen eignen Fonds zu erhöhen nicht ungeneigt sein dürfte. — Ew. Wohlgeb. werden es sehr verzeihlich finden, wenn unter solchen Umständen jeder Zweifel in Absicht auf den gewünschten Erfolg bei mir gehoben war, und wenn ich glaubte, mich mit den zahlreichen hiesigen Verehrern von Herrn Gauss nunmehr ganz unbedingt der angenehmen Hoffnung hingeben zu können, den gefeierten Mann bald in unsere Mitte, und in einen Wirkungskreis versetzt zu sehen, welcher allein mir seinen ausgezeichneten Eigenschaften angemessen zu sein scheint.

Allein heute Morgen wurde hier die unerwartete Nachricht kund, dass H. Gauss den an ihn erlassenen Antrag abgelehnt habe, und zwar, weil die Hannöv. Regierung 1., ihm selbst eine bedeutende Zulage und 2., seinem ältesten Sohne den Eintritt in das Artillerie-Corps bewilligt habe. — Ich kann Ew. Wohlgeb. den unangenehmen Eindruck nicht beschreiben, den diese Nachricht allhier gemacht hat und darf Ihnen nicht verhehlen, dass ich die begleitenden Argumente der Gauss'schen Denkungsart, so wie ich dieselbe kennen gelernt habe, so unähnlich finde, dass ich in dem Ganzen irgend ein Missverständniss vermuthen muss. Denn erstlich kenne ich H. Gauss als einen Mann, dem es unter jedem Verhältnisse schwer werden würde, den einzigen, seiner vollkommen würdigen, Wirkungskreis käuflich zu stellen; zweitens ist es mir nicht wahrscheinlich, dass die erhaltene Zulage von der Art sei, dass sie ihm gegen das von hier aus gewordene Anerbieten, besondere pecuniäre Vortheile verschaffen könne; und wenn auch, so hätte die hiesige Behörde in dieser Beziehung vielleicht noch nicht das letzte Wort gesagt; drittens hätte sein Sohn, und hätten alle seine Söhne, eine weit glänzendere Beförderung im Preussischen, als im Hannöverschen Dienste, unter andern schon dadurch zu erwarten, dass die Bedürfnisse von jenem verhältnissmässig weit grösser, als von diesem sind. Endlich viertens, was mir die Sache vollkommen unbegreiflich macht, ist der schon erwähnte Brief vom 15. Novbr., mit welchem Sie mich zu beehren die Güte gehabt haben, der geradezu dasjenige verneint, was hier bejaht wird, und mir zu eben dieser Verneinung noch den bestimmtesten Auftrag, im engsten Vertrauen, ertheilt. — Es ist aus allen diesen Gründen, in Verein mit anderweitigen Verhältnissen, dass ich fast vermuthen möchte, dass der Antrag vielleicht nicht in seiner ursprünglichen und wahren Form an H. Gauss gelangt, sondern irgendwo Modificationen unterworfen worden sei, die, wenn auch Privatzwecken sehr angemessen, dennoch von der höchsten Behörde nicht beabsichtigt worden sind. Unter diesen Umständen werden Ew. Wohlgeb. mir hoffentlich erlauben, Ihr gütiges Zutrauen zu mir, die Gefühle der Hochachtung, welche Sie und ich gemeinschaftlich für den seltenen Mann hegen, und Ihre verdienstvolle und erfolgreiche Bemühungen zur Beförderung der Wissenschaft in Anspruch zu nehmen und mich mit der dringenden Bitte an Sie zu wenden, mir rücksichtlich der Bedingungen, welche H. Gauss in officieller Form gestellt worden sind, und anderweitiger, mit der Sache in Verbindung stehender Verhältnisse, einige, so viel wie möglich genaue Notizen (versteht sich, im engsten Vertrauen) zu ertheilen, damit ich in den Stand gesetzt werden möge, eines Theiles, dem Mann, an welchen ich einen so ansehnlichen Theil des wissenschaftlichen Ruhmes unseres deutschen Vaterlandes geknüpft achte, bei seinen zahlreichen Verehrern allhier, zu denen, ausser dem Prinzen August, Chef der Königl. Artillerie, die sämmtlichen Mitglieder des Ministeriums, der Akademie der Wissenschaften und der Universität, unbedingt zu rechnen sind, die ihm gebührende Rechtfertigung zu verschaffen und andern Theils, ein in der Sache selbst etwa obwaltendes Missverständniss gehörigen Ortes zur Sprache zu bringen. Es würde mir besonders wichtig sein, wenn Sie die Güte haben wollten, mir bereits mit umgehender Post dasjenige anzuvertrauen, was Ihnen von dieser Angelegenheit bekannt ist, und alsdann ferner die Erkundigungen einzuziehen, die Sie zur völligen Aufklärung der Sache etwa nöthig erachten mögen. Mit der Wiederholung dieser dringenden Bitte, die ich mir nicht versagen kann, nehme ich mir die Freiheit, eine andere zu verbinden, welche darin besteht, dass Sie mir Ihre gütige Nachsicht angedeihen lassen mögen, falls ich Sie durch dieses Gesuch, was ich fast nicht zu bezweifeln wage, zu sehr belästigt haben sollte. In dem Augenblicke, wo man so viele der schönsten Hoffnungen auf einmal vernichtet sieht, erlaubt man sich wohl Schritte, die nur durch einen solchen Umstand selbst zu rechtfertigen sind. — Genehmigen Sie die unbedingten Gefühle der Verehrung, mit denen ich bin Ew. Wohlgeb.

gehorsamster Diener
Dirksen.

18.
A. v. Humboldt an Gauss.

Sie erlauben, mein Verehrungswerther Freund und College, dass ich den Brief des jungen Herrn DIRICHLET meines hoffnungsvollen Landsmannes, mit empfehlenden Zeilen begleite und diese Gelegenheit benutze mich freundlichst in Ihr Andenken zurückzurufen. Ich darf mir wie Sie wissen kein ernstes Urtheil in den höheren Regionen der Mathematik anmassen, aber ich weiss durch die grossen Geometer welche Paris besitzt und besonders durch FOURIER und POISSON die meine ältesten Freunde sind, dass Herr DIRICHLET von der Natur die glänzendsten Anlagen hat, dass er auf den besten EULER'schen Wegen hinschreitet und dass Preussen einst an ihm (er ist kaum 21 Jahre alt!) einen ausgezeichneten Professor und Akademiker haben wird. Schenken Sie meinem jungen Freunde für dessen Glück ich mich lebhaft interessire, den Schutz Ihres grossen Namens und empfangen Sie zum voraus den Ausdruck meiner innigsten Dankbarkeit.

Paris den 21. Mai 1826.

Alex. Humboldt.

19.
A. v. Humboldt an Gauss.

Ihr freundschaftliches Schreiben vom 27. Januar, mein Verehrtester! hat mir innige Freude gemacht. Es ist ein grosser Entschluss einen Theil meiner Freiheit und eine wissenschaftliche Lage aufzugeben in der ich hier seit 18 Jahren manchen schönen geistigen Genuss gehabt. Aber ich bereue nicht, was ich gethan. Das intellectuelle Leben hat mich unendlich angesprochen bei meinem letzten Aufenthalte in Deutschland und die Idee in Ihrer Nähe, in der Nähe Derer zu leben, die meine Bewunderung für Ihr grosses vielseitiges Talent lebhaft theilen, ist ein wichtiger Beweggrund meines Entschlusses gewesen. An gutem Willen nützlich zu sein soll es mir nicht fehlen und ich rechne stets auf Ihren Rath, auf den Rath »des grossen Meisters in der Kunst« sagt SABINE, ein bescheidener freundlicher Engländer (und der freundlichen, mittheilenden giebt es nicht Ueberfluss) war seit wenigen Tagen angekommen als Ihr Brief voll schöner Beobachtungen über die Strahlenbrechung, mich erfreute. Wenn man den grossen Namen GAUSS nennt, ist jede Negociation leicht. Sie werden in der Anlage sehen, dass SABINE alles thut was Sie wünschen. Ich hoffe, dass der junge DIRICHLET den, freilich bis jetzt ärmlichen Ruf nach Breslau angenommen hat. Innigsten Dank für die Nachrichten die Sie, Verehrungswerther Freund, mir von dem Privat-Docenten Herrn JACOBI geben. Es giebt der Menschen nicht viele die das heilige Feuer bewahren und ich werde Ihnen stets unendlich dankbar sein, wenn Sie fortfahren mich auf die jungen Talente aufmerksam zu machen, die Ihres Schutzes werth sind. Prof. BESSEL's Freundschaft ist mir unendlich viel werth. BESSEL ist ein überaus liebenswürdiger Mann dessen Umgang mir Belehrung und Freude gewähren wird. Hier sind wir noch immer in Trauer: LA PLACE's Gesundheit erregt uns viel Besorgniss. Es war ein bösartiges Nervenfieber. Sein Arzt MAGENDIE glaubt ihn geheilt zu haben; aber er ist unendlich schwach, verdaut schlecht, und redet nicht immer zusammenhängend. Mit ihm verschwindet eine grosse, ich darf nicht sagen die letzte mathematische Zierde von Frankreich, denn er vereinigte mit dem mathematischen Talente, das vielleicht POISSON, FOURIER und CAUCHY mit ihm theilen, ein vielseitigeres Wissen und eine Bildung der Sprache, die weit erhabener als sein Character ist.

Ihre Strahlenbr.-Beob. sind von der grössten Wichtigkeit. In den geringeren Anomalien zeigt sich die grössere Genauigkeit der Beobachtungen. Ihr Endresultat 0,07 ist auffallend gering aber herrlich übereinstimmend mit den Vormittagsbeobachtungen. Die Wärmeabnahme ist im allgemeinen weit schneller nahe an der Erde und (wie PICTET's Versuche lehren) gegen Abend so dass der Coefficient negativ werden muss. Wenn Sie wünschen recht viel Beobachtungen über Wärmeabnahme bei verschiedenen Normal-Temperaturen der Ebenen, in der kalten, gemässigten und Tropen-Zone gesammelt zu sehen, so werfen Sie gewogentlichst den Blick auf mein Mémoire sur les refr. terrestres in meinen Rec. d'Obs. astr. T. I p. 127—147; auf meine Untersuchungen der mittleren Wärme der Luftschichten bei 0° Breite und 45° Breite (?) von 0—2000 Toisen Höhe in Mém. de la Société d'Arceuil T. III. und meine Arbeit über mirage und Wärme der untersten Luftschichten Relat. hist. T. I p. 625—631. Mit innigster dankbarer Verehrung

Ihr

Paris den 16. Febr. 1827.   Al. Humboldt.

Wir erwarten mit Sehnsucht Ihre Theorie der krummen Flächen. Hier treibt man Physik und Pressfreiheit und Streit über die mythologischen Namen der Herzoge (der alte Bonapartische Olymp den Graf APPERZ erschüttert) aber wenig beobachtende Astronomie.

20.

A. v. Humboldt an Gauss.

Es nahet jetzt die Zeit, wo die Versammlung deutscher und nordischer Naturforscher, Physiker und Astronomen sich in Berlin eröffnen wird. Die gesetzlichen Tage sind 18—26. Sept., aber wen wir recht zu geniessen wünschen, laden wir ein, ja früher zu kommen und später zu bleiben. Mit dem Könige so eben von Teplitz zurückkehrend, bin ich nun gewiss, ruhig in Berlin bis October zu bleiben und den Monarchen nicht auf der bloss militärischen Reise in

Schlesien zu begleiten. Darf ich, Verehrungswerthester Freund (erlauben Sie mir einen Ausdruck für den mir Ihre Nachsicht Verzeihung gewährt) darf ich den Wunsch erneuern, Sie nicht bloss zum Glanz dieser Versammlung hier zu besitzen, sondern Sie auch in meinem Hause zu bewirthen. Die hiesigen Gasthöfe sind schlecht und leicht gefüllt. Ich kann Ihnen freilich nur ein (doch sehr geräumiges) Zimmer mit der Aussicht auf einen schönen Garten anbieten, aber Sie empfangen Besuche und leben in meinen daran stossenden Zimmern. Sie frühstücken und speisen Mittags und Abends mit mir oder ohne mich, zu den von Ihnen befohlenen Stunden. Bringen sie einen Bekannten mit, so logire ich ihn in einem nahen Hause. Sie haben einen Wagen jedesmal wenn Sie es anordnen. Alles das ist meine Sorge. Ein hiesiger Bekannter führt Sie umher, wenn ich, wegen des freilich lästig werdenden Andranges der Fremden Sie nicht selbst begleiten kann. Sie werden in meinem Hause viel guten Willen, wenn auch (meiner innern häuslichen Einsamkeit wegen) wenig Geschick finden. Je länger Sie bleiben desto mehr wird es mich freuen und ehren.

> Und es ist vortheilhaft, den Genius
> Bewirthen; giebst du ihm ein Gastgeschenk
> So lässt er dir ein schöneres zurük.

Die Zeit der Ferien ist da; einige Zerstreuung wird Ihnen wohlthätig sein und Ihr grosser, allgemein gefeierter Name würde meiner Vaterstadt einen Glanz geben, den ich dauernd wünschte. Erfreuen Sie mich, wenn es irgend Ihre Lage und Ihre Arbeiten es erlauben, mit einer bejahenden Antwort und nennen Sie mir bald den festlichen Tag, an dem ich Sie erwarten kann.

Mit der innigsten Verehrung und Freundschaft,

Sans-Souci bei Potsdam   Ihr gehorsamster
den 14. Aug. 1828.   **Al. Humboldt.**

Ich bin auf einige Tage hier mit dem Kronprinzen. Wir hoffen hier allgemein den trefflichen BLUMENBACH zu sehen.

Unter der Einladung zur Naturforscherversammlung in Berlin 1828 steht: Ich lebe noch der angenehmen Hoffnung, den ersten Mathematiker Europas, den tiefsinnigen Astronomen in meinem Hause in Berlin zu empfangen, ihn zu beherbergen und (wie ich kann) zu pflegen. Diese Bitte behalte ich mir eigens bei Ihnen vor.

Teplitz 18. Juli. A. Humboldt.

21.

A. v. Humboldt an Gauss.

Mit unendlicher Freude habe ich Ihr theures Versprechen gewiss bis zum 15. September uns mit Ihrer Gegenwart zu beglücken empfangen. Ich fühle den ganzen Werth Ihrer Aufopferung! Ihren Wagen werden wir hier zu stellen wissen. Für Bedienung ist hier gesorgt. Schreiben Sie mir ja gütigst welchen Tag ich hoffen darf Sie zu umarmen. Möchte es vor dem 15. sein können, damit wir Sie etwas ruhiger geniessen. BABBAGE freut sich unendlich Ihrer Ankunft. Den 1S. halte ich meine Eröffnungsrede und den 18. Abends 6—9 Uhr, müssen Sie einem kleinen Feste beiwohnen, welches ich 600 Freunden, im Concertsaal des Schauspielhauses geben werde! Der König und der Kronprinz haben mir versprochen dabei zu sein. Mit innigster Anhänglichkeit

Berlin d. 8. Sept. 1828. Ihr gehorsamster
Al. Humboldt.

Ich wohne hier hinter dem neuen Packhofe Nr. 4 bei Hofzimmermeister Glatz eine Treppe hoch.

22.

A. v. Humboldt an Gauss.

Ich darf es nicht wagen, mich vor Ihnen zu rechtfertigen, mein theurer, Hochverehrter Freund. Meine Schuld ist gross und weder die zunehmenden rheumatischen Leiden meines rechten Arms, noch der Wunsch rechte Musse zu finden, um Ihnen ausführlich zu schreiben und Sie lebhaft fühlen zu lassen, welche Bewunderung in mir die von Ihnen für den Magnetismus eröffnete Bahn in mir erregt hat und wie diese Bewunderung sich (weil Sie der Gegenstand derselben sind) an die fröhlichsten Erinnerungen der in Ihrer Nähe vollbrachten Tage anreiht, können mein langes Stillschweigen auf die Beweise Ihres Wohlwollens entschuldigen. Es bleibt mir also nur übrig Ihre Grossmuth in Anspruch zu nehmen. Wer so hoch als Sie steht ist leicht zur Nachsicht in den schwach-menschlichen Dingen geneigt. Um mich nun aber selbst in Ihren Augen wieder etwas zu heben, will ich zugleich aber auch von meinen Verdiensten reden, ja von Verdiensten die bei meiner lahmen Hand Sie anerkennen müssen. Ihre Anzeige der Entdeckung die Intensität auf ein bestimmtes Mass zu reduciren, hat mich dergestalt erfreut, dass ich (sobald ich gewiss war, von der Methode recht durchdrungen zu sein) mich selbst an das Uebersetzen gemacht habe. Obgleich unsere deutschen Zeitungen uns periodisch mit der Idee schmeicheln, dass unsere vaterländische Sprache in dem grossen Babylon wuchere, so hat mich ein 20jähriger Aufenthalt fast das Gegentheil gelehrt. Die Fortschritte im Institut sind nicht die, welche man hie und da in dem elenden dramatischen Wuste bemerken kann. In dem Institute ist fast alles verloren, was man deutsch ohne Auszug und Erläuterung einsendet. Meine Uebersetzung ist mit ENCKE durchdisputirt worden, denn bei der edeln Concision Ihres Styls, ist es immer zuletzt leicht den anfangs aufstossenden Zweifel zu lösen. Dann habe ich (das ist mein Verdienst) das Ganze noch einmal abgeschrieben und etwas leserlicher als diese Zeilen, und mit einem erläuternden Briefe über das Vielumfassende Ihres Unternehmens an ARAGO, dem Institute übersandt. Die Sendung ist (wie Ihnen unser Freund ENCKE wird schon gemeldet haben) etwa 10—12 Tage nach dem Empfang Ihrer Arbeit, von hier abgegangen. Wenn wir in den Zeitungen von Paris hier noch nichts darüber gehört, so liegt dies wohl in ARAGO's Abwesenheit, der Anfang Januars alle Jahre auf 2 bis 3 Wochen nach Metz geht zum Examen der polytechnischen Schüler auf der Ecole d'application du Génie et de l'Artillerie. Die Uebereinstimmung Ihrer Beobachtungen unter einander werden überall Bewunderung erregen und doch sind sie wohl noch nicht von den Wirkungen der Wärme und der veränderten Inclination befreit. Da ich über die stündlichen Veränderungen der Inclination und Intensität selbst in POGGENDORF vor meiner Abreise nach Sibirien etwas bekannt gemacht, so ist es Ihnen, Verehrtester, vielleicht angenehm, wenn ich Ihnen aus einem alten Briefe von Arago an mich (Paris 13. Dec. 1827) etwas über die Pariser Epoche abschreibe: »en reduisant par une nouvelle methode les observations diurnes d'Inclinaison, dont tu m'avois vu occupé, j'ai trouvé, non pas seulement par des moyennes mais chaque jour, une variation régulière. L'inclinaison est plus grande le matin à 9^h que le soir à 6^h. Tu sois que l'intensité, mesurée avec une aiguille horizontale est au certain à son minimum à la première époque et qu'elle atteint son maximum entre 6^h et 7^h du soir. La variation totale étant très petite, on pouvait supposer, qu'elle n'étoit due qu'au seul changement d'inclinaison et en effet la plus grande portion de la variation apparente d'intensité depend de l'altération diurne de la composante horizontale; mais toute correction faite, il reste cependent une petite quantité connu indice d'une variation réelle d'intensité«. Die Methode, welche Arago anwendet um die Veränderungen der Inclination zu messen ist diese. An die untere Spitze der Gambey'schen Nadel wird ein dünner Glasfaden geklebt. Das Instrument überlässt man sich selbst und richtet ein kleines Fernrohr zugleich auf Faden und Eintheilung, so dass man dann einzelne Minuten schätzen kann. Sie, mein edler Freund, haben alles zugleich mit neuen Mitteln ergriffen und der ganze Magnetismus verdankt Ihrem Geiste eine Revolution. Auch über das Streichen sehe ich in Ihrem ersten so wohlwollenden von einer Schrift begleitendem Schreiben, die wie so vieles über meinem (deprimirten) Horizonte liegt, nur ganz neue Dinge. Die von Kupfer so verschiedentlich gegebenen Temperatur-Correctionen und die absolute Bestimmung der Inclination liegen ganz im Argen und harren Ihres wohlthätigen Lichtes. Der Uebergang von hohen Temperaturen (50°—60° R. zu niedrigen $+5°$ und $—8°$ R. befolgt engere Curven der Intensitätszunahme und bisher hat man wie mir es scheint sehr unglücklich geschlossen von Versuchen bei 60° auf die Temperaturen bei denen wir arbeiten 5°—20° R. Bei der Inclin. beunruhigen mich die Erfahrungen mit scheinbar ganz gleich vollkommen gearbeiteten Gambey'schen Nadeln. Ich besass sonst welche bei denen es mir glückte nach Anwendung aller Correctionen durch 2 Nadeln Resultate zu erlangen die nicht um eine Bogenminute differirten. Jetzt habe ich

in Paris eben so schöne GAMBEY'sche Nadeln gesehen deren 2 keine
Uebereinstimmung von 4—5—6 Minuten gab, ein Gräuel wenn man
die so langsam mit den Jahren abnehmende Inclination untersuchen
will. Sollte der Grund allein daran liegen dass bei Umkehrung der
Pole man eine andere Kraft (Intensität) erhält? Ihr bereits mit
so schönem Erfolge gekröntes Unternehmen befriedigt meine Eitelkeit auf eine sehr individuelle Weise. Ich träume dass meine Bitten, die Versuche die Sie in meinem Hause mit Auffindung der
Inclin. durch 3 und 6 Extra-Meridian-Beobachtungen machten,
mitgewirkt haben zu dem Entschlusse diesen verworrenen Theil der
Physik aufzuklären. Die von Ihnen bekannt gemachte jetzige Inclination zu Göttingen (an ganz freiem Orte?) scheint auch wieder
die sonderbare Anomalie der bei Ihnen so langsamen Abnahme der
Inclin. zu confirmiren (meine Relat. histor. 4. T. III. p. 625).
Sie erinnern sich dass in Göttingen Incl. war Dec. 1805 —69° 29'
und Sept. 1826 —68° 29' 26" (eine Nadel 68° 30' 7" die andere
66° 28' 45" mit Ihnen). In Paris war Abnahme von 1798—1810
jährlich 5' aber nur 3',3 von 1810 bis 1825. Doch ich ermüde
Ihre Geduld. CLAUSENS neuer Fund hat mich sehr erfreut.
Weil eine Entdeckung immer eine andere herbeiführt, weil man
besser sucht und weiss was man finden kann. So war es mit den
Aerolithen, mit den kleinen (Taschen) Planeten, mit den Comètes
à courtes periodes. Aber das hemmende Fluidum scheint mir das
grosse physikalische Räthsel und sein Dasein ist doch wohl nothwendig anzunehmen. Sollte der vielleicht zwischen Venus und
Mars schwebende Ring des Zodiakalscheins den wir durchkreuzen
dasselbe Fluidum verdichtet und selbstleuchtend sein? Sollten Cometen wenn sie diesen Ring um dessen Grenzen und Lage man
sich so wenig kümmert, durchwandeln auch von ihm nicht gehemmt
werden? Auch die begrenzte und unbegrenzte irdische Atmosphäre
ist ein Uebel an dem unsere Physik erkrankt. Und doch beweiset
denke ich, die so wunderbar erhöhte Intensität der Crepuscula 1831
wo man von Irkutz bis Berlin bei Nacht lesen konnte, dass in den
Schichten wo Barometer Druck $0^{lin}, 00001$ ist, auch noch meteorologische Veränderungen vorgehen. Lichterscheinungen und Widerstand sind ja die einzigen Zeichen die uns an das Dasein solcher
Weltfluiden können glauben lassen! Ich habe mehrere Tage hier,
unter den zeitraubendsten Zerstreuungen des Hoflebens, mit Ihrem

heitern und guten Herzog von CAMBRIDGE zugebracht und da der Magnetismus bei mir eine seit 40 Jahren eingebürgerte Krankheit ist, ihm einen Begriff von Ihren Entdeckungen gegeben. Ich habe mich gefreut zu erfahren wie er weiss was er von Ihnen, Theurer, besitzt. »Man schreit oft (sagt er in seiner lebendigen Art sich auszudrücken) gegen Göttingen, so lange wir die Bibliothek und GAUSS besitzen, können wir schimpfen lassen.« Ich bin einverstanden aber meine Pflicht ist es Ew. kön. Hoheit zu bitten, die Rangordnung der Schätze umzukehren und den ersten Mathematiker unseres Zeitalters, den grossen Astronomen, den geistreichen Physiker zuerst zu nennen. Der Herzog bittet mich, seines Alters wegen zu verheimlichen, dass wir 1790!! zugleich in Göttingen studirt. Mit dankbarer Verehrung und nochmaliger Bitte, dem Freunde nicht zu schmähen

Berlin den 17. Febr. 1833.   Ihr

Al. Humboldt.

Meine freundlichsten Grüsse Herrn Prof. WEBER den ich um Ihre Nähe beneide.

23.
A. v. Humboldt an Gauss.

Sie werden verzeihen, mein hochverehrter Freund, dass ich so spät erst Ihnen für Ihren höchst interessanten freundlichen Brief meinen innigen Dank darbringe. Eine ungewöhnliche Anhäufung von Geschäften und Pflichten in der Umgebung des Königs haben mich allein davon abhalten können. Die Zeichnungen so vieler übereinstimmender Orte haben durch den Parallelismus in den kleinsten Krümmungen mich unendlich interessirt. Solche Resultate in den kleinsten fast zu Längenbestimmungen reizbaren Zeiträumen sind freilich nur durch Ihre vortreffliche catoptrische Methode zu erreichen. Sie wissen dass seitdem mein magnetisches Häuschen in der Leipziger Strasse abgerissen ist (wegen Verkauf des Grundstückes) wir in der neuen Sternwarte nur Ihre Methode anwenden. Ich dringe darauf, dass wir bald einen unter Ihrer Leitung gearbeiteten Apparat erhalten mögen. Es freut mich dass der Anstoss den ich durch meinen magnetischen Brief an den Herzog von SUSSEX in London gegeben, die königl. Societät endlich aus ihrem Winterschlafe und Somnambulismus erweckt hat. Der Antrag ist sehr freundlich aufgenommen und der lange schon gedruckte Bericht von AIRY an CHRISTIEN den mir der englisch deutsche Herr König unter dem 8. d. M. schickt, schlägt weit mehr Stationen in der Südsee, Ost- und West-Indien vor als ich zu erwarten wagte. Hier in Teplitz, wo ich mit dem Könige bis 11. Aug. sein werde erhalte ich zwei Briefe aus Island vom 30. Mai und 5. Juni. Der GAMBEY'sche Apparat um dessen Anfertigung ich den franz. Seeminister, Admiral DUPERRÉE vorigen Herbst bat ist nun in Reykiawik aufgestellt und der geübte Astronom Herr LOTTIN bittet um correspondirende Beobachtungen stündlicher Abweichung zu Beobachtungen die er in Reykiawik Island) wahre Zeit (...?) des Orts von 15 zu 15 Minuten von Mittwoch 10. August 7 Uhr Morgens bis Donnerstag 18. August 10 Uhr Morgens anstellen wird. Zugleich wird LOTTIN 8. Aug. dort die Inclination, und den 9. Aug. zwischen 11^h und 2^h die Intensität beobachten.

Ich habe auf LOTTIN's und des Naturforscher GAIMARD's Bitte eine Anzeige davon in den Zeitungen gemacht und ich hoffe dass Sie, hochverehrter Freund auch 1 oder 2 Tage in der festgesetzten Epoche (10.—18. August) wieder die stündliche Abweichung beobachten können. Es ist mir leider! nicht möglich gewesen, wegen Verspätung des Isländischen Briefes früher diese Bitte an Sie zu richten. Da Island ganz von unterirdischem Feuer unterminirt ist, so bin ich neugierig auf die Perturbationen der Isländischen Curve: immer sind zwei Phänomene zu unterscheiden, die Bewegung der Nadel die von der wahren Zeit des Orts, dem Abstand vom Mittag überall abhängt und gegen 8 und 2 Uhr ohngefähr maximum und minimum der Elongation erreicht. Diese Bewegung welche wir die gewöhnliche, regelmässige nennen, steht unbezweifelt mit dem Stande der Sonne in Verbindung. Die anderen Bewegungen (Perturbationen, ...?) sind isochron wohl plötzliche Reactionen des Inneren des Planeten gegen die Oberfläche. Wo liegt das Band zwischen beiden? Der Report (11 Seiten lang vom 9. Juni) schlägt zunächst als leicht zu errichtende Stationen vor: Neufundland, Halifax, Gibraltar, die Jonischen Inseln, St. Helena, Paramatta, Mauritius, Madras, Ceylon und Jamaica. Die Kön. Societät soll Geld vom Gouvernement fordern und dem Gouvernement wird es vorläufig als grosse Schande vorgehalten wenn es taub bleibe. Zur Berathung über Wahl, Anfertigung und Vergleichung der Instrumente (man geht auf stündliche und absolute Abweichung, Inclination und Intensität auch auf meteorologische gleichzeitige Beobachtungen aus) soll ein eigenes Comité ernannt werden. PENTLAND der zum General-Consul in Bolivia ernannt ist und den auf mein Gesuch Lord PALMERSTON mit Instrumenten reichlich versieht, soll Apparate aufstellen an der Südseeküste und auf 9000 Fuss Höhe. Das klingt alles sehr schön. Es gährt: möge es mehr als Schaum geben. Ueber Ihre Apparate will man noch nicht sich erklären, da ich ihn doch so sehr empfohlen, the method adopted by Mr. GAUSS being already before the Royal Society in a memoir which has been communicated by him it is unnecessary here to enter into the application given by Mr. DE HUMBOLDT. Am Ende kommt (p. 10) wieder vor: We may however in the mean time (ehe das Comité die Instrumente gewählt hat) offer a remark on the apparatus of Mr. GAUSS. Da wird denn sonderbar albern behauptet dass so vortrefflich auch sehr schwere Magnete die regelmässige stündliche Bewegung angeben mögen, so würden sie doch nicht für plötzliche Perturbationen empfänglich genug sein. We apprehend that the great weight of the needles would prevent their recording the sudden extraordinary changes in the direction of the magnetic force, which are probably due to atmospherical changes. Darauf eine andere very curious objection dass so wirksame und mächtige Magnetstäbe zu weit umher wirken!! und das Aufstellen anderer Apparate unmöglich machen. Hat man denn in London nicht gelesen was bereits vor Ihren Apparaten geleistet ist, wie gerade der Parallelismus der Curven sich auf die Perturbationen (sudden changes) bezieht. Verzeihen Sie theurer Freund die Flüchtigkeit dieser Zeilen und erhalten Sie Ihrem wärmsten Verehrer die Gewogenheit auf die er so stolz ist. Es hat mich unendlich geschmerzt Ihrem recht kenntnissvollen, liebenswürdigen Verwandten bisher nicht haben nützlich sein zu können in seinen Reiseplänen.

Teplitz den 30. Juli 1836.

Al. Humboldt.

24.
A. v. Humboldt an Gauss.

Verehrungswerther Freund! Ich erhielt Ihre wichtige, langersehnte Schrift über den tellurischen Magnetismus in den letzten Tagen meines Aufenthalts in Potsdam. Erst von hier aus, wohin ich den König, wie immer, begleitet habe, kann ich Ihnen meinen innigsten Dank für Ihren liebevollen Brief und für die vielfache Belehrung, welche mir jene Schrift gegeben, darbringen. Ihr grosser Name und die völlige Umgestaltung der Beobachtungen, welche Sie geschaffen und verbreitet haben, hat jetzt eine Association zu Stande gebracht, deren Früchte allmälig die Entzifferung »jener geheimnissvollen Hieroglyphenschrift« sein wird. Auf mehr als zwanzig Punkten sind jetzt schon Ihre Instrumente aufgestellt und der Vorzug, in Zwischenräumen von so wenigen Minuten mit bewundernswürdiger Genauigkeit die Winkel messen zu können, ist ein Gewinn den niemand verkennen kann. Was bei mir bloss Wunsch und schwaches, unvollkommenes Beginnen war, ist durch Sie, hochverehrter Freund, jetzt in's Leben gerufen. Das Auge ruht mit einem besonderen Genusse auf diesen Tafeln, denn, wie Sie so schön und beredt sagen »ein eigenthümlicher Zauber umgiebt das Erkennen von Mass und Harmonie im anscheinend Regellosen.« Von ganz besonderer Wichtigkeit sind mir p. 90—103 gewesen, wo Sie manche Winke über den tiefen Zusammenhang gleichzeitig wirkender einzelner Kräfte geben. Die Beschreibung der Apparate und ihrer Behandlung ist klar und lichtvoll, wie alles was unserem WILHELM WEBER aufgetragen wird. Ich habe seit Monaten in Berlin einen Abdruck der theils von mir angestellten, theils seit meiner sibirischen Reise gesammelten unvollkommenen stündlichen Beobachtungen (in französischer Sprache) angefangen. Wenn ich ihn vollende, so habe ich nur eine Pflicht gegen damals mitarbeitende erfüllen wollen und die Jahreszahlen selbst können zur Entschuldigung dienen. Ich lebe der grossen Hoffnung bald über alle diese Gegenstände Ihre mündliche Belehrung (Anfang September) einsammeln zu können. Es ist mir bisher sehr unwahrscheinlich dass ich zu jener Zeit nicht in Deutschland sein sollte, obgleich der Tod meines Buchhändlers GIDE, grösseren Verwirrungen vorzubeugen, meine endliche Anwesenheit in Paris wünschenswerth machen würde. Hier in Böhmen habe ich mit Graf STERNBERG einen bitteren Kampf gefochten. Man hat es für ganz unmöglich gehalten, dass ich nicht die Versammlung der wandernden Naturseelen in Prag vorziehen sollte. Ich habe mich aber tapfer vertheidigt, als Zögling der grossen Göttinger Lehranstalt und in Beziehung von Versprechungen welche ich Ihrem Könige und dem Herzog von CAMBRIDGE vor vielen Jahren gegeben. Noch wichtigere Gründe (die wahren) durfte ich nicht anführen. Einige Stunden mit Ihnen, theurer Freund, sind mir lieber als alle Sectionen der sogenannten Naturforscher, die sich in solchen grossen Massen und so gastronomisch bewegen, dass des wissenschaftlichen Verkehrs für mich nie genug gewesen ist. Ich habe mich am Ende immer gefragt wie der Mathematiker am Schluss der Oper »en ditesmoi franchement ce que cela prouve«. Es ist überaus unartig, dass man uns, trotz meiner wiederholten Erinnerung, immer nicht die Isländer Beobachtungen 10.—18. Aug. 1836 gesandt hat. Wahrscheinlich werden im hohen Norden, nach Ihrer scharfsinnigen Entwickelung S. 99, die Perturbationen sehr stark gewesen sein. Ich habe von hier aus unmittelbar an Herrn LOTTIN geschrieben. Jene Menschen scheinen gar nicht einzusehen, wie Beobachtungen, ohne schnellen Wechselverkehr, von ihrer Wichtigkeit verlieren. Verzeihen Sie das Unleserliche dieser Zeilen. Mein kranker Arm gehört schon zu den vorweltlichen Resten. Erhalten Sie mir ein Wohlwollen das mein Stolz ist. Mit alter unverbrüchlicher Verehrung und Liebe.

Teplitz den 27. Juli 1837.   Ihr ganz gehorsamster
                                    Al. Humboldt.

Ich werde mit meinem Könige gegen den 2. August in Berlin zurück sein.

25.

A. v. Humboldt an Gauss.

Berlin den 30. Sept. 1837.

Wenn auch nur in flüchtigen Zeilen, kann ich mir doch die Freude nicht versagen, Ihnen, theurer hochverehrter Freund, vorläufig den Ausdruck meiner innigsten Dankgefühle für die auf Ihrer

Sternwarte verlebten schönen Tage darzubringen. Sie sind mir nicht bloss, wie immer, geistig gross und alles was Sie kühn und tief angreifen beherrschend, erschienen: Sie waren auch voll Milde und Herzlichkeit und Wärme des Characters, Züge die Ihnen den so gelungenen, anmuthigen, sinnigen Eingang Ihrer Societätsrede inspirirt haben. Es ist etwas Grosses im Leben, so dem Grossen seiner Zeit haben nahe treten zu können. Ich war zwei Tage in Hannover, wo ich alle Minister, Hofleute und Gesandten besucht; mit besonderer Freude aber die noch immer geistig muntere Miss HERSCHEL, der mein Besuch viel Freude zu machen schien, weil ich von Ihnen kam. Sie hatte eben als ein Geschenk für den Neffen bei der Rückkunft ein 7füssiges Telescop zusammensetzen lassen, zu dem ihr alle optischen Theile noch der grosse Bruder vermacht. Sie zeigte mir Briefe vom Cap mit Zeichnungen (Configurationen) des Saturn, da der Neffe zwei ganze Nächte hindurch 6 Trabanten gesehen. Zum 7. scheint er kein Vertrauen zu haben, wenigstens verstand mit einigem Aerger Miss HERSCHEL so den Ausruf: the 7th I shall never seen. Sie leidet keine Ungewissheit. Bei ihrem astronomischen Interesse hat sie auch glücklicher Weise einige weibliche Tendenzen: sie quält sich mit der Ungewissheit, ob der König sie im Winter zu einem Hofconcert einladen wird, wie der Vicekönig regelmässig that! Der König ERNST hat mich sehr wohlwollend empfangen und mir eine Audienz einer vollen Stunde gegeben. Er rühmt noch immer alles was er in Göttingen gesehen »artigere junge Leute wären ihm noch nicht vorgekommen«. Ich konnte nicht am Hofe essen, da wegen der Nachricht von dem Hinscheiden des Herzogs CARL der König sich ganz zurückgezogen und mehrere Tage auf seinem Zimmer speiste. Die Königin war vor Schreck bettlägerig. Der Kronprinz ist in seinen physischen Kräften sehr gestärkt. Da er leidenschaftlich Musik liebt so war er sehr mit WEBER's schönen akustischen Versuchen, von denen er gehört, beschäftigt. ENCKE ist bei der Aufstellung seines endlich vollendeten Pistor'schen Merid.-Kreises. Ich habe mit seinem Rathe den Termin für die Sternschnuppen (nach Ihrem Wunsche, theurer Freund) in der Staats-Zeitung angekündigt. Es konnte wenn man nur einmal 24 Stunden ausetzt, einiger Zweifel wegen des Tages sein: wir haben nach reiflicher Vergleichung gewählt:

vom 13. November Mittags bis 14. November Mittags.

Wer viel Musse hat, mag auch oft die Nadel ansehen in der Nacht vom 12. zum 13. und vom 14. zum 15. Denn entweder rückt der Knoten oder es ist eine breite Zone. Vielleicht interessiren Sie folgende sichere Daten aus meinen Papieren:

Nacht 11—12 Nov. 1799 Cumana, Labrador, Brasilien (Humb. Rel. hist. I. 519. 4to).
12—13 Nov. 1822 Potsdam. POGGEND. B. II. p. 219.
12—13 Nov. 1832 Europa, Arabien, Orenburg. POGG. B. 29 p. 447.
12—13 Nov. 1833 Ganz America. POGG. B. 33 p. 129 u. 189—214.
13—14 Nov. 1834 Ganz America wieder Prof. OLMSTEDT Pogg. B. 34. p. 129.
13—14 Nov. 1835 Frankreich.
14—15 Nov.? 1835 HERSCHEL, Cap.
13—14 Nov. 1836 Deutschland, aber in Frankreich glaubte man der stärkste Fall sei gewesen Nacht 12—13. November.

Darf ich Sie gehorsamst bitten dem theuren WEBER zu sagen, wie sehr ich von der Aufopferung gerührt war, mit der er mich in Göttingen gepflegt. Mit inniger Verehrung und Dankbarkeit

Ihr

Al. Humboldt.

Ich muss heute schon mit dem König nach Potsdam. Viele, viele Grüsse an Herrn VON SARTORIUS, Dr. LISTING und Dr. GOLDSCHMIDT. Dass ersterer ja seine uns theure Gesundheit schont!

Meine innige Verehrung Ihren zwei liebenswürdigen Töchtern und an Herrn Prof. EWALD, der schon meinem Bruder so theuer war. Zu der philologischen wandernden Gesellschaft, deren Vorsitz ich soll, laut den Zeitungen, geführt haben, wird niemand kommen, als die zunächst um Nürnberg wohnenden.

Der 2te grosse periodische Sternschnuppenfall ist in der ersten Hälfte des August

14—15. August zwei Jahr hinter einander 1826 und 1827 beobachtet zu Rom
10—11. August 1837 Paris.

Aber! leider wissen wir noch gar nicht was viel Sternschnuppen heisst? Wir wissen' nicht wie viele im Mittel mehrere Monate in einer nächtlichen Stunde am ganzen sichtbaren Himmelsgewölbe fallen? Ueber Phaenomene wie die vom 11.—12. Nov. 1799, 12.—13. Nov. 1833 und 13.—14. Nov. 1834 die wie Feuerwerke ganze Populationen aufregen, kann allerdings kein Zweifel bleiben, aber so waren die anderen Fälle nicht. Sie sehen aus der Länge meines Briefes dass die Sternschnuppen mich Benzenbergisch langweilig machen.

26.

A. v. Humboldt an Gauss.

Ich habe, Verehrungswerther Freund, gleich nach meiner Ankunft in Berlin, Ihnen den Ausdruck meiner innigen und tiefen Dankbarkeit für den Genuss dargebracht, den Sie mir in Geist und Gefühl während des Aufenthalts in Göttingen d. h. auf Ihrer Sternwarte, in Ihrem Hause geschenkt haben. Das sind Lichtpunkte des Lebens die einen um so mehr erfreuen und anregen, als man dem fossil erstarrten Zustande näher kommt. Wenn ich seitdem Sie nicht aufs neue mit meiner mikroskopischen Schrift belästigte, so war es nur, weil ich den, von uns beiden besprochenen Termin der Taschen-Planeten (vulgo Asteroiden und Sternschnuppen) abwarten wollte. Sie sind nicht zahlreich gewesen, aber trotz des Mondscheins und des bezogenen Himmels wurden doch in der Nacht vom 13/14 in 2 Stunden in Turin 78 gezählt, in Bremen (34) und in Wien wovon LITTROW einen breiten Bericht gegeben. Also hat der Zufall doch gewollt, dass der Terminiag (13.) glücklicher Weise der Asteroiden-Tag, aber unglücklicher Weise nicht der Tag der beiden Nordlichte war. Diese waren 12/13 u. 14/15. Ich schicke Ihnen, theurer Freund, meine eigenen Beobachtungen, die von H. HERTER (ERMAN's Schwager, sonst für ENCKE rechnend) beide leider! Gambeyisch! aber ohne Essig und Oel und ein Schreiben aus Breslau mit schlechten Notizen von mir verbrämt. Ich warte mit der Uebersendung weil ich hoffte von BOGUSLAWSKI die Originalbeobachtungen umständlicher zu erhalten. Ich lege auch die Curve der Berliner Beob. bei, von MÄDLER gezeichnet, nach ENCKE's Beobachtung der

Sternwarte. Letztere haben Sie schon. Das ist wahrscheinlich mehr als Sie wünschen. Ich bitte, dass Sie keines dieser Papiere mir zurücksenden. — Ich würde nicht gewagt haben Sie mit meinen eigenen unvollkommenen Beob. zu behelligen, wenn nicht der Zufall gewollt hätte, dass in der Nordlicht-Zeit 12/13 ich allein, und im Nordlicht vom 14./15 ich und HERTER allein in Berlin beobachtet haben. Auf der Sternwarte war in den Nordlichtnächten nicht an Ihrem Instr. beobachtet worden, weil wir das Phänomen nicht gesehen, was ich bedaure, weil ich gern an Ihrem Apparate, die Berliner Beob. mit den Breslauern verglichen hätte. Ich selbst beobachtete bei mir bloss zu eigenem Vergnügen und in der Hoffnung dass andere gleichzeitig an Spiegelapparaten besser beobachten würden. Sind die Nordlichte bloss zufällig mit den St.-Fällen zusammengetroffen, oder von jenen erregt worden? Bei dem denkwürdigen Fall in Nordamerika sahen einige Beobachter auch Nordlicht-Erscheinungen. Kann ein solches cosmisches Phänomen ein terrestrisches (Nordlicht) erregen; das alles ist sehr dunkel und wird uns H. BENZENBERG (!) dogmatisch erklären. Ich bin sehr neugierig von Ihnen, Verehrter Freund, zu hören, ob Ihre Nadel trotz aller Beruhigungselemente in den Nächten 12./13. u. 14./15. stark oscillirte? In der Nacht 13./14. war die Nadel (GAMBEY!) bei mir sehr ruhig; ungeheure Schwankungen von 40' bis 45' kamen während der Nordlichte vor, aber so ungleich, dass die grössten Veränderungen der Abweichung bald während heftiger Oscillationen, bald so vorgingen, dass die Nadel ganz ruhig fortschritt, ja bisweilen sichtbar so wie eine Person die im Fortschreiten tactweise stille steht. Ich lege Ihnen auch eine Tabelle von QUETELET bei, in der das häufige Wiederkehren des St.-Falles am 10. Aug. sehr auffallend ist. Darf ich Sie bitten, theurer Freund, bei dem H. Prof. WEBER, H. GOLDSCHMIDT, SARTORIUS, LISTING und Ihrem vortrefflichen Schwager mein liebevolles Andenken zurückzurufen.

Verehrungsvoll, dankbar, und immer gleich **unleserlich**
Berlin den 30. Nov. 1837. Ihr

Al. Humboldt.

Nach einem sehr neuen Briefe von HERSCHEL an QUETELET wird jener vor dem Juli in Europa zurück sein. Er hat am Cap beobachtet: 654 nébuleuses, 475 étoiles doubles.

27.
A. v. Humboldt an Gauss.

Ich melde Ihnen, innigst verehrtester Freund, bloss durch diese Zeilen, von denen ich hoffe dass sie in Ihre Hände kommen, mit wie tiefem Schmerze ich Ihren Brief vom 19. empfangen, wie wohlthätig mir dieser Ausdruck Ihres Wohlwollens war und wie meine Gedanken seit einem Monate nach G. gerichtet sind. In dieser Richtung liegt beharrlich das Bestreben nützlich sein zu können, aber leider habe ich auch dazu noch keine tröstliche Aussicht. Selbst, was mir so einfach und klar scheint, das Anerkennen des Edeln in einer Handlungsweise, die, mit Ausschluss aller politischen Aufregung, jeglichen äusseren Vortheil der Stimme des Gewissens glaubt aufopfern zu dürfen, ist Vielen aus den sogenannten höhern Regionen fremd. Nachbarliche Bedenklichkeiten verrücken auch den Gesichtspunkt. Die Zeit soll, denke ich, eine richtigere Ansicht herbeiführen. An mir zweifeln Sie, mein theurer Freund, und unser lobenswürdige geistreiche harmlose W. nicht. Wie schrecklich wäre es, alles das gestört zu sehen, was ich (vor Monaten) in vollen fruchtbringenden Halmen aufschiessen sah. Dazu schwebt meiner Phantasie das Bild Ihrer zarten, kranken schönen Tochter und des edeln E. vor. Ich bin schwach genug die Trennung nicht zu wünschen und an einen Deus ex machina zu glauben — freilich ein mythischer Glaube. Das Herz steht mir nicht, Ihnen von anderen Meteoren zu schreiben. Die unpunctirte Linie ist allerdings die wahre, aber es ist gar keine Linie; denn ich hatte weder die mittlere Zeit genau, noch dachte ich daran mehr zu thun, als das Allgemeine die Perturbation zu meinem Vergnügen zu controliren. Ein Enkel des grossen FRANKLIN, qui fulmen eripuit Coelo sceptrumque tyrannis, der Prof. der Physik in Philadelphia Herr DALLAS BACHE, ein in magnetischen Dingen sehr unterrichteter angenehmer Mann, bringt Ihnen diese Zeilen. Schenken Sie ihm eine freundliche Aufnahme. Er verdient sie in hohem Masse. Mit alter dankbarer Verehrung

Potsdam den 25. Dec. 1837.

Ihr gehorsamster
Al. Humboldt.

28.
A. v. Humboldt an Gauss.

Wenn ich Ihnen, theurer hochverehrtester Freund, über die traurige Lage der Dinge einige Tage später schreibe, als ich es in meinem nach Hamburg an den lieben WEBER gerichteten Brief ankündigte, so liegt der Grund davon bloss darin, dass ich in den letzten Tagen der Anwesenheit des Monarchen, mich noch in dem Resultate meiner Forschungen bekräftigen wollte. Ich werde es über mich zu gewinnen wissen, dass auch in diesem heutigen Briefe der Ausdruck jedes anderen Gefühls, als der des Schmerzes unterdrückt werde. Die Betrübniss, mit der wir uns in Göttingen verliessen, war wie mit bösen Ahnungen gemengt. Einige Hoffnung war mir zu Auswegen geblieben: Ihr herrliches letztes Schreiben, voll Weichheit des Gefühls, aber auch voll männlicher, edler Stärke des Charakters, forderte mich auf Schritte zu thun, um die Möglichkeit zu wissen. Das habe ich, mit Vorsicht, bloss in meinem Namen, als Landsmann und persönlicher Freund WILHELM W.'s, als Zögling der berühmten Hochschule, als derjenige in Europa gethan, den die plötzliche Störung der grossen Arbeit über den tellurischen Magnetismus, welche Sie vollenden und welche Ihren Methoden das Dasein verdankt, am tiefsten bewegen muss. So freundlich sich auch der König oft, während des Wirrwarrs des hiesigen Hoflebens, mir genähert, so war aus Gründen, die Sie kennen, auf freimüthige persönliche Erläuterung keineswegs zu rechnen. Ich konnte aber zwei überaus wohlwollende und von dem Monarchen sehr geachtete Personen anwenden, den General von C... (?) und den Gr. H-z. Beide haben all den Eifer in der Sache gezeigt, den man selbst von eigentlichen Gelehrten kaum hätte erwarten dürfen: sie haben beide auch den Abstand gemessen, die Grenze bestimmt, welche zu überschreiten moralisch unmöglich ist. Es würde sich für diesen Brief, den ich unter vielen Störungen schreibe, nicht eignen, Ihnen, hochverehrter Freund, Nachricht von den einzelnen Schritten und von allen Aeusserungen jener zwei Personen zu geben. Ich beschränke mich auf das allgemeine Resultat. »Der König würde nach der Energie, die zu behaupten er glaubt, gezwungen gewesen zu sein, gern Milde zeigen: er würde freundlich einen Antrag aufnehmen wenn mit dem Gesuch über das Wiedereinsetzen in die vorige Stelle Entsagung und zwar deutlich ausgesprochene, der früheren Protestation verbunden wäre. Die Einwendung, dass ein solches Gesuch um die nicht vergebene Stelle ja stillschweigend das Versprechen involvire, sich vor politischen Urtheilen und Einmischungen entfernt zu halten, hat nicht gefruchtet. Es muss eine Entsagung des für Irrig Gehaltenen ausgesprochen sein. Es würde nicht genügen, wenn man sage, die frühern Aeusserungen wären missverstanden, als zu feindlich interpretirt worden; es hätten sich dieselben mehr auf die inneren Regungen des Gewissens bezogen; Lehrvorträge der Physik wären ja ohnedies allen soliden Beziehungen auf die Gegenwart fremd: man wünsche (aus Leidenschaft für die Wissenschaft, um nicht eine Arbeit zu stören, an der das ganze gebildete Europa Theil nehme, das über Göttingen Glanz verbreite, der Schiffarth so heilsam werden könne) einen talentvollen Physiker, als mitwirkend in Ihrer Nähe zu erhalten. . . . Die Antwort ist immer gewesen, die Bedingung ausdrücklicher Entsagung sei unerlässlich, da der König bei den Zwecken die er durchsetze, nicht unconsequent sein dürfe, da er sonst anderen deutschen Fürsten (der König von Würtemberg war in Berlin) das Recht zugestehen würde, die Ausgeschiedenen anzustellen.« Ich schreibe dieses mit tiefem Schmerze, weil mir jetzt keine Annäherung möglich scheint. Gesetzt auch dass die Sprache Wendungen darböte, welche jene Ansprüche und das innere Gefühl gleichzeitig befriedigten, so ist nur zu wahrscheinlich, dass nicht der Brief (das Gesuch) selbst in H. veröffentlicht würde, sondern dass die H. Zeitung bekannt mache, Sr. Maj. hätten geruht, die Stelle wiederzugeben, weil der Bittsteller sein voriges Unrecht eingesehen. Der Monarch wäre selbst vollkommen berechtigt dem Gesuche eine solche Deutung zu geben. So streitet also in dem Conflict, der jetzt mit einem Theil der Stände statt findet, das politische Interesse der executiven Gewalt oder vielmehr die Ansicht von diesem Interesse, mit den moralischen Pflichten und Gefühlen unseres Freundes, nicht dass ich in dem unglücklichen Feldzuge, einen Separatfrieden schlechterdings für unmoralisch halte, aber in dieser Sache sind auch andere Bedenken, welche aus der Lage eines öffentlichen Lehrers, aus der aufgeregten Stimmung des grösseren Theils der akademischen Jugend entspringen. Ich glaube, mein theurer Freund, in dieser mir und den Wissenschaften so wichtigen Sache alles gethan zu haben was möglich war. Es sind unmittelbare Entscheidungen erlangt worden. Es ist auch schon etwas gewonnen, den jetzigen Standpunkt bestimmt bezeichnen zu können. Wäre ungeschehen was geschehen ist so würde ich freilich meine Erinnerungen aus Frankreich anrufen, wo ich so vielem Wechseln der Regierung und Constitutionen beigewohnt habe. Glücklich ist es, wenn wissenschaftliche Institute den Einwirkungen jener politischen Wechsel fremd bleiben können, ich sage Institute, denn dass ich nicht das Gräuel begehe, zu wollen, dass der Gelehrte nicht Staatsbürger sei, dass er fremd bleibe dem, was durch die bürgerlichen Einrichtungen auf die Fortschritte der Intelligenz, auf die Veredlung der Menschheit, auf die freieste Communication der Ideen und Gefühle wohlthätig gewirkt wird, trauen Sie mir (bei den Meinungen die ich 40 Jahre lang öffentlich ausspreche und in meinen Schriften verkündige) von selbst zu. Da wichtige, dem Monarchen sehr ergebene Personen in diesen Anfragen (die als bloss von mir ausgehend gemacht wurden), mit der grössten Gutmüthigkeit gewirkt haben, so bitte ich Sie, theurer Freund, diesen Brief als für Sie allein geschrieben zu betrachten. Ich habe nicht Musse, ja ich darf leider! sagen nicht Stimmung von unsern wissenschaftlichen Lieblingsgegenständen mich mit Ihnen zu besprechen oder auf die Punkte zu antworten die Sie so geistreich in Ihrem Briefe berühren. Ich habe den schönen Bifilarbeobachtungen hier beigewohnt und die Schärfe bewundert, mit der jetzt die Intensität der Winkelmessung unterworfen werden kann. Auch der kleine Apparat mit dem W. hier die absolute Intensität nach Ihrer Methode bestimmte, hat mir viel Freude gemacht. Ich höre von dem vielschreibenden H. GAIMARD dass er Sie gebeten habe, die franz. Commission von Astronomen und Physikern, die die lange Nacht am Nord-Cap zubringen sollen, bis zum Herbste mit Ihrem Spiegel-Apparat zur stündlichen Declination versehen zu lassen. GAIMARD, der leider! die böse Gewohnheit hat, alles drucken zu lassen, was man ihm schreibt, ersucht mich in einem letzten Briefe, Sie zu bewegen, jenem Apparate auch die kleinen, zur absoluten Intensität beizufügen. H. MORTIN (?), der franz. Gesandte in Hannover, werde alles pecuniäre besorgen. Es wäre allerdings unglücklich wenn jene einzige Gelegenheit correspond. Beob. zu Ihren Terminen zu erhalten, unbenutzt bliebe. Ich habe Ihren ersten Theil der

Beob. an GAIMARD geschickt. Möge aus Upsala oder Stockholm Jemand dabei sein, der mit den Apparaten recht umzugehen wisse. Ich will bei ENCKE, da ich selbst in einigen Wochen (vor dem 27. Juni) zur Teplitzer Reise mit meinem König Berlin verlasse, die so eben erhaltenen Observations magnetiques de Mr. LOTTIN in Island und Grönland 1835—1836 deponiren (ein Heft von 224 Seiten mit vielen graphischen Darstellungen gleichzeitiger Beob. von Paris und Island 10—28. Aug. 1836). Sollten Sie es noch nicht besitzen so wird es Ihnen ENCKE schicken sobald Sie es befehlen. Der unselige Streit zwischen diesem unseren Freunde und BESSEL betrübt mich über alle Massen. Es ist ein heilloser Zustand, dass ein Königsberger Astronom nicht unsere Berliner Sternwarte glaubt besuchen zu dürfen — und jetzt haben SCHUMACHER und ich nichts, nichts erlangen können. Auch hier muss die Zeit heilen.

Von dem Treiben, das mich seit 3 Wochen fortgerissen, neben 80 Briefen die ich in einer Woche empfangen, zugesandten Büchern, die ich allen Kaisern, Königen, Grossherzögen und Infusions-Prinzen übergeben soll — haben Sie keine Idee. Dazu 3—4 Correcturbogen meiner Geogr. des 15. Jahrhunderts aus Paris, eine in der Akademie gehaltene Vorlesung und Schreien um Manuscript zur Fortsetzung des Druckes.... Sie beklagen mich gewiss. Mit inniger Liebe und Verehrung.

Berlin den 9. Juni 1858.   Ihr
                                            Al. Humboldt.

In den Briefen die ich unserem W. an den Herzog von Sachsen und BAILY mitgegeben habe ich sehr auf Erleichterung und Uebernahme des Drucks der magnet. Beob. gedrungen. In dem Journal der Geogr. Soc. ist von mir ein Brief über die nothwendige Verbreitung Ihrer Methoden abgedruckt. Herzliche Grüsse an H. Dr. GOLDSCHMIDT.

29.
A. v. Humboldt an Gauss.

Berlin den 23. März 1839.

Ich bin so unglücklich, von meinem Könige zu einer Stunde gestört, in der ich sonst immer frei bin, Ihnen, hochverehrter und mir immer so gütiger Freund, heute nur wenige Zeilen schreiben zu können. Diese Zeilen enthalten die Bitte dem Ueberbringer, H. PLANTAMOUR, einem jungen, sehr angenehmen und bescheidenen Menschen, eine freundliche Aufnahme zu schenken und ihm besonders die Erlaubniss zu geben, sich von Ihren herrlichen magnetischen Apparaten zu unterrichten. Ich habe den jungen Mann, der zum Director der Sternwarte in Genf bestimmt ist, wenn der kranke GAUTHIER sich zurückzieht, lange in Paris auf der dortigen Sternwarte gekannt. Er hat den guten Sinn gehabt auf $1\frac{1}{2}$ Jahre zu BESSEL nach Königsberg zu gehen, wo er erst die eigentliche Grundlage seiner astronomischen Ausbildung gelegt. BESSEL ist sehr mit ihm zufrieden gewesen und lobt ihn als Beobachter. Ich war 6 Monate lang in der grossen Babel (Paris) sehr wohl und arbeitsam da ich mir in den entresols der Bibliothek des Instituts einen einsamen Vormittag, von 8 Uhr morgens bis 7 Uhr Abends, zu verschaffen weiss. Hier habe ich in den letzten 5 Tagen viel von Schnupfenfieber und störenden gesellschaftlichen Pflichten gelitten. Machen Sie mir die Freude nun bald einmal ein Wort, nicht über Ihre Arbeit, sondern über Sich selbst und Ihre Stimmung und unsern gemeinschaftlichen Freund WEBER und über Ihre abwesende so liebenswürdige Tochter zu schreiben. Sie wissen, dass meine dankbarste gemüthlichste Zuneigung zu Ihnen und den Ihrigen meiner Verehrung für Ihren Geist gleich steht. KREILS Resultate über Mondeinfluss beruhen bei aller Regelmässigkeit doch auf sehr kleinen Quantitäten. Ich bleibe unsicher. Der viel schreibende SABINE behauptet die Magnetica in England werden endlich erblühen, Dank sei es Ihrem Namen, HERSCHEL's Eifer und Lord MINTO's neuem Versprechen; sonderbar genug dass immer durch Privatkräfte das bessere geschieht.

Mit ewiger Anhänglichkeit und Liebe Ihr
Al. Humboldt.

30.
A. v. Humboldt an Gauss.

Paretz, im Havellande d. 18. Juni 1839.

Ich muss fast besorgen, mein innigst verehrter Freund und Collegе, in den bösen Verdacht der Undankbarkeit zu gerathen;

wenn nicht eine, auch Ihnen unerfreuliche Ursache mein auffallend langes Stillschweigen rechtfertigte. Meine Gesundheit gewöhnlich wunderbar fest bei einem so mannichfach angestrengten Körper, war sehr gewichen seit einem arbeitsamen und langen Aufenthalte in Paris. Ich habe besonders den halben April und ganzen Mai von anhaltendem Husten und Grippe (eine ziemlich sinnlose, systematische Bezeichnung der pathologischen etc.!) gelitten. Erst seit 14 Tagen finde ich mich ganz wieder ermuthigt und ich befinde mich seit 4 Tagen mit meinem Könige in der ländlichen Einsamkeit des Havellandes (in Paretz). Ich wollte Ihnen nicht eher meinen wärmsten Dank wie den Ausdruck meiner Bewunderung und Liebe darbringen, als bis ich recht frischen Geistes über das Gelingen einer Arbeit schreiben könnte, die zu den grossartigsten und umfassendsten gehört, welche ich unter meinen Zeitgenossen erlebt. Meine Freude über ein solches Gelingen entspricht der Anhänglichkeit die ich für den Entdecker der wahren Theorie des Erdmagnetismus (und eine Theorie die unabhängig von allen besondern Hypothesen über die Vertheilung der magnetischen Flüssigkeit in der Erdmasse ist) in meinem Busen bewahre. Was ich von dem tieferen algebraischen Zusammenhang nicht gleich verstand, hat mir JACOBI, mit dem ich selbst schriftlich darüber verhandelt und den ich stets bei meinem Aufenthalte in Potsdam besuche, zur Induction gebracht. Zuversicht und Glaube erleichtern die Einsicht und stärken das Fassungsvermögen. Die grossen Geister üben eine anziehende Kraft aus. Ihre »allgemeine Theorie« hat mich nun seit 6 Wochen fast ununterbrochen beschäftigt. Das Büchlein ist mir überall gefolgt und ich lebe in der frohen Täuschung dass ich die Theorie besitze, ja vollkommen verstehe, wie in derselben die Mittel liegen eine Menge specieller physikalischer Nebenfragen auf das gründlichste beantworten zu können. Siebenzigjährig im nächsten September versteinere ich langsam und (wie es sich für einen alten Geognosten geziemt) von den Extremitäten beginnend. Das Herz ist noch nicht erhärtet und schlägt mit erhöhter Wärme für den, der des Blitzes Helle in das geheimnissvolle Dunkel verwickelter Naturerscheinungen sendet. Wenn LAGRANGE über die ewige Vergleichung zwischen sich und dem Verfasser der Mécanique céleste in menschlicher Anwandlung mislaunisch wurde, so pflegte er mir zu sagen »Man sieht klar nur durch ein ganz geöffnetes Thor. Le grand Géomètre fait donner un seul coup et la porte est ouverte, Mr. LAPLACE donne successivement de petits coups, il en donne trois ou quatre. La porte ne cède qu'un peu et l'on voit mal ou rien par une porte à moitié ouverte!« Der Riesenschlag ist nun von Göttingen ausgegangen. Die Forderung von LAGRANGE ist erfüllt. ' Ich habe seitdem ich angefangen mich, durch BORDA angetrieben, mit magnetischen Beobachtungen zu beschäftigen, zwei vage aber richtige Inspirationen gehabt: Hass gegen die Multiplication der magnetischen Erdpole und der Gabelung (Bifurcation) isogonischer Linien, grosse Vorliebe für die Messung der Intensität. Ich erkannte empirisch die Zunahme der totalen Intensität vom magnetischen Aequator gegen die magnetischen Pole hin; es ist ganz ungerecht und undictorisch, dass SABINE dies Erkennen dem Admiral DE ROSSEL zuschreibt, dieser hat früher als ich schwingen lassen unter sehr verschiedenen Breiten, ist aber erst durch mich veranlasst worden als ich von meiner Reise zurückkam in seinen Manuscripten nachzusehen. Er hatte nicht einmal seine Beobachtungen publicirt, geschweige das gesetzmässige darinnen gekannt. Die Aufstellung der kleinen Magnete, die von BIOT aufgewärmte und modificirte Hypothese von TOBIAS MAYER, die schwerfälligen Versuche von HANSTEEN waren mir zuwider: ich wünschte die goldene Zeit heran, wo ein newtonianischer Geist uns von den Fesseln gehäufter Epicykeln befreien und alle Elemente aus einem Princip herleiten würde. Dies Wunder haben Sie vollbracht, mein theurer, hochverehrter Freund: meine Augen haben es noch gesehen. Aus Ihrer Theorie habe ich nun erst einsehen gelernt, welchen Werth die horizontalen Schwingungen haben, wie unrecht ich hatte, sie ehemals nur in Verbindung mit Inclinationsbeobachtungen zu schätzen »weil, wenn nach einem halben Jahrhundert die horizontale Kraft an einem Orte verändert gefunden würde, man nicht wisse, ob die Veränderung Folge der abnehmenden totalen Intensität oder Folge der veränderten Inclination oder beider physicalischen Elemente zugleich sei.« Aus Ihrem Buche ist mir nun klar geworden, wie wenn die Beob. zahlreich »und genau« genug wären, die Richtung der Horizontalnadel, aus der blossen Horizontalintensität abgeleitet werden könnte. Das ist in der That die Blüthe der Sache, da durch ein solches Unternehmen, die mathematische Verbindung, die zufolge des Attractionsgesetzes, zwischen den drei Componenten statt finden muss, klar nachzuweisen ist. Aus Ihrem Buche habe ich erst ein richtiges Verständniss über die sogenannte magnetische Axe erhalten, wie über die Bedeutung der Pole, und die von der vierfachen unzertrennlichen sechsfachen Zahl! Die graphische Darstellung hat mich bei dem Empfang Ihrer vortrefflichen Schrift in grosse Verlegenheit gesetzt. Ich sah bald ein dass sie zwar von der grössten physikalischen Bedeutung sei, aber keine einfache Kraftäusserung darstellt. Wenn ein incompensibles Fluidum einen magnetischen Kern umgäbe und man das Fluidum in viele couches de niveau sich getheilt denkt so würde die Resultante aller Kräfte in jedem Punkte senkrecht auf der durch ihn hindurchgehenden couche stehen. Die ganze Erde wäre dann ein Pol, überall wäre die Kraft vertical. Aber die wirkliche Erde durschneidet ein System jener couches $\frac{V}{R}$ ist das Bild der Schneidungscurven und zwei Pole bleiben nur als Berührungspunkte übrig. In den Zahlwerthen der 24 Coefficienten § 26 und der schauderhaften Formel von 71 Gliedern für die Sie Ihre sinnreichen Hülfstafeln construirt liegt demnach die ganze Frucht, ja auch der Saamen und Keim zu allem was die künftigen Jahrhunderte zur Verbesserung der numerischen Werthe von $\frac{V}{R}$ liefern werden. Wäre der Ausdruck für $\frac{V}{R}$ nicht jetzt schon der Wahrheit so nahe, so würde für die ausgewählten 71 Punkte von so ungleicher Gültigkeit, die Uebereinstimmung zwischen Rechnung und Beobachtung nicht so bewundernswürdig zufriedenstellend sein. In dieser Uebereinstimmung liegt der Lohn für eine so ungeheure numerische Arbeit. Ihre Betrachtungen, wie bei grösserer Vervollkommnung der Daten die Theorie selbst lehren wird, welcher Theil der Anziehung, welcher der Erde zugehört, hat meine grösste Neugierde erregt. Aber wenn im Innern des Erdkörpers eine Hitze herrscht, welche den Erdmagnetismus ausgleicht (vernichtet) wenn nur die obere Erdrinde magnetisch ist, so wird das wundersame Resultat von einem Achtel Cubikmeter (§ 31) ja noch wundersamer d. h. die Erde erscheint zwar noch anziehender, aber noch mehr im Verkehr mit atmosphärischen oder welträumlichen Einflüssen? (§ 36 und 40). Es wird mir eine grosse Beruhigung sein, wenn ich in den ferneren Entwickelungen Ihrer schönen Theorie künftig einmal etwas über Ihre Ansicht vom glühenden Erdkerne und dem ausschliesslichen (?) Sitze der Kraft in der dünnen Erdrinde finde.

Eine bedeutende Fraction des Ganzen kann ja dann wohl über der fingirten Fläche liegen. Was BREWSTER von Kältepolen und über Zusammenhang der magnetischen Linien mit meinen Isothermen aufgestellt und MOSER selbst numerisch zu entwickeln gewagt hat, scheint mir unreif und voreilig. Schon der Urvater GILBERT (da er die Tugend hatte, keinen magnetischen Kern oder Ring im Innern der Erde anzunehmen, sondern alle ihm bekannte Erscheinungen der Anziehung der Erde selbst zuzuschreiben) wollte die Richtung der Linien ohne Abweichung aus der Form der Continental-Massen erklären. Bei MOSER ist die Idee der Isogeothermen (deren numerische Evaluation trotz KUPFER sehr im argen liegt, da die sogenannte Quellen-Wärme sehr täuscht) dazugekommen. Aber vieler anderer Einwendungen nicht zu gedenken, steht diesen Ideen entgegen 1) die geringe dünne Bedeckung mit den Wasserschichten des Oceans, die verschieden geformten Continente sind ja nur Zapfen-Wulste, hervorragende Theile derselben Erdrinde; 2) die geringe Veränderlichkeit der mittlern Erd- und Lufttemperaturen, welche durch die Contouren der Continente (Gestaltung des Starren) und ihr Oberflächen-Ansehen bestimmt wird, während die Null-Declinationslinie 1684 durch Paris und London fortschritt. Macht man die Länge und das Fortschreiten der magnetischen Linien von der Vertheilung der Wärme allein abhängig, so muss man den periodischen Wechsel dieser Vertheilung erklären. Wenn aber die Wärme auch nicht das Hauptagens ist, so sehe ich doch mit Freuden aus Ihrer Theorie, mein verehrter Freund, dass vielerlei Modificationen der magnetischen Ladung von Aussen kommen können. Sommer und Winter, Tag und Nacht wirken periodisch und wie gering ist doch (wenn man einen Blick auf QUETELETS vollständigere Beobachtungen der innern Erdwärme zwischen 1—25 Fuss wirft) der Einfluss äusserer Temperatur-Veränderungen auf die obere Erdrinde, wie ungeheuer langsam die Mittheilung. Ohne Wärmeveränderung des Luftkreises haben mir immer (ein Declinations-Instrument steht neben meinem Arbeitszimmer) die hellen und bewölkten Tage den Totalwerth der täglichen Elongation zu vermehren und zu vermindern geschienen, während ich immer verwundert bin dass, trotz des unleugbaren Einflusses naher und ferner Nordlichter, Gewitter, Donnerschläge so wenig auffallende Veränderungen hervorbringen. Die Nordlichter oder magnetischen Gewitter, lichterzeugend wie die gemein elektrischen, sind also doch von diesen sehr verschieden.*) Sie sagen sehr schön (§ 41) dass jede Bewegung der Elektricität deshalb nicht ein galvanischer Strom ist, weil zu diesem ein in sich zurückkehrender Kreislauf gehört. Die augenblicklichen Störungen die der Parallelismus Ihrer Curven als gleichzeitig und so allgemein verbreitet offenbart, glaube ich wie Sie, als von aussen und oben herab erzeugt. Ist es ein meteorologischer Prozess der das Durchfahren eines Aerolithen erregt, fragt Admiral WRANGEL? Wohl deshalb nicht, weil sonst unsere Nadel bei Tag und Nacht nie ruhig sein könnte! WRANGEL sagt, eine Sternschnuppe (ein Aerolith) eigener Art. Das grenzt an das Gebiet der wilden Hypothesen.**) Da ich H. FEDOROW für einen weit bedächtigeren Beobachter als A..... E.... halte, so haben mich Ihre Seite 40 und 41 wegen der Uebereinstimmung mit meinen eigenen Beobachtungen trotz der Jahresunterschiede von 1829 und 1832 sehr gefreut. Dieser sibirische Reisende (jetzt im untergegangenen Kiew) hat sich, wie mit Recht, für Sie gezähmter erwiesen als für mich. Ich schreibe ihm seit 3 Jahren um ihn für die neue Ausgabe meiner Fragmens asiatiques die als ein neues ganz umgeändertes Buch (Asie centrale) erscheint, anzuflehen mir gewisse Berghöhen des Ural die er gemessen, zu schicken, er hat mich aber nie einer Antwort gewürdigt. Die neue magnetische Expedition der Engländer und Stationen mit Ihren Reflexionsinstrumenten dem magnet. Aequator nahe, werden Ihre gross-

---

*) Der Admiral WRANGEL, über Mexico aus Sitka zurückkehrend und früher auf einer Expedition nach den fernen Liachov-Inseln (Neu-Sibirien) war diesen Winter in Berlin. Er ist ein sehr unterrichteter, besonnener Mann. Er beharrt bei der Nachricht, die der langweilige alte PARROT schon bekannt gemacht, dass während des anfangenden Nordlichts eine Sternschnuppe gewisse Regionen des Himmels entzündet. Diese Regionen leuchten erst und fahren fort zu leuchten erst wenn eine Sternschnuppe sie durchstrichen hat!! Allerdings haben sich in Nordamerika bei den Sternschnuppen-Festen im November bisweilen auch farbige Nordlicht-Erscheinungen gezeigt. Von aussen kommende Taschen-Planeten können also durch Reibung und Entzündung magnet. Gewitter erregen??

**) Ein Mann in Wien hat mir für die kön. Societät in London einen Beweis geschickt dass das Sonnenlicht darum nicht abnehme und so unökonomisch ausgetheilt werde, weil es von dem Selbstleuchten der sich ewig begattenden und sich gregagirenden Infusionsthiere entsteht. Ein Sonnenstrahl reizt unser Auge weil viele der kleinen Bestien herabkommen.

artige Theorie sehr fördern, besonders für die wichtige Frage § 41. Da Gleichzeitigkeit in der Bestimmung der Curven so wichtig ist, so wünschte ich freilich dass ein Schiff nördlich vom Aequator und eins südlich vom Aequator aber in beiden Meeren (im Atlantischen Ocean und in der Südsee) kreuzten! Verzeihen Sie innigst verehrter Gönner und Freund das rhapsodische dieser Zeilen. Ich habe nicht Zeit und Muth dieselben zu übermalen (de les retoucher). Der vortreffliche WEBER oder unser geduldreicher Dr. GOLDSCHMIDT werden in der hieroglyphischen Entzifferung ja wohl beistehen. Nun noch gemischte Betrachtungen. Es quält mich, dass in Ihrer Karte $\frac{V}{R}$ die Null-Linie dem magnetischen Aequator (der 0 Incl.) so ähnlich ist und doch dieser Aequator nicht ist! Wie werden ERMAN und HANSTEEN sich helfen mit ihren Sibirischen Schlangenlinien wenn Sie ihnen die 4 Pole entziehen? Was ist das Fortschreiten der 0 Decl. Linien? Was wird aus den unmöglichen Bifurcationen und aus einem gewissen mich kränkenden in sich zurücklaufen der Decl. Linien in der Südsee? Mit dankbarer Verehrung Ihr

Al. Humboldt.

Meine freundlichsten Grüsse an WEBER und GOLDSCHMIDT und OTTFRIED MÜLLER. Ich denke mit Wehmuth an unsere Göttinger auch meine alma mater! Ich hoffe dass Sie die besten Nachrichten von der liebenswürdigen Professorin EWALD und ihrem Gatten haben.

Mit ENCKE lebe ich in alter Zärtlichkeit trauernd über den nordischen Krieg. JACOBI ist geistreich, lebendig und fett. DIRICHLET ist mehr in sich gezogen, fein und liebenswürdiger.

31.

A. v. Humboldt an Gauss.

Erlauben Sie, hochverehrter Freund, dass ich Ihrer besonderen Aufmerksamkeit und Gewogenheit zwei sehr ausgezeichnete und angenehme junge Reisende aus Spitzbergen und der langen Nacht im nördlichsten Scandinavien innigst empfehle, den französischen Seeofficier Herrn BRAVAIS und den Botaniker Herrn MARTINS der ausser der Geographie der Pflanzen sich auch auf das fleissigste mit meteorologischen Beobachtungen beschäftigt hat. Sie wissen dass Ihre herrlichen Apparate in der langen Nacht gebraucht worden sind, auch wurden Refractions-Beobachtungen angestellt in Verbindung mit Versuchen über die Wärmeabnahme durch Luftbälle und Thermometrographen. Meist war die obere Luftschicht im Winter auf den nahen Bergen wärmer, als in der Ebene. Da diese sehr bescheidenen und thätigen jungen Leute Hoffnung haben die lange Nacht noch einmal zu Ihren magnetischen Terminen im hohen Norden zu durchleben, so wird das Glück der Annäherung an Sie, Verehrter Freund, von doppelter Wichtigkeit für die Wissenschaft sein. Meine freundlichsten Empfehlungen an Prof. W. und Dr. G.

Dankbarst und verehrend,
Berlin den 22. Dec. 1839.   Ihr

Al. Humboldt.

Wie sehr hat es mich geschmerzt nicht SABINE und LLOYD haben begleiten zu dürfen.

32.
A. v. Humboldt an Gauss.

Berlin den 21. Febr. 1840.

Ich benutze einmal wieder die angenehme Gelegenheit, welche sich mir darbietet, mein hochverehrter Freund und College, um mich in Ihr gewogentliches Andenken zurückzurufen, indem ich, durch diese wenigen Zeilen, Ihrem besonderen Interesse einen sehr wissenschaftlich gebildeten Amerikaner H. COGSWELL aus New-York zu empfehlen wage. Er hat mir Briefe von LINDENAU gebracht und ist der Herausgeber eines sehr geachteten historisch-politischen Journals. Was ihn mir wichtig gemacht hat ist, dass er Aufträge hat für den Ankauf einer ungeheuren Bücher-Masse, rein wissenschaftlicher, zu sorgen, weil ein reicher Privatmann (ASTOR) eine Summe von vielen hundert tausend Thalern zur Gründung einer öffentlichen Bibliothek geschenkt hat. Es wäre recht menschlich und edel von Ihnen, das heisst Ihres grossen Namens würdig, wenn Sie H. COGSWELL einigen Rath für dieses Unternehmen geben wollten. Am wichtigsten schiene es mir, für einzelne abgesonderte Fächer (Mathematik, Jurisprudenz, Philologie) den Grund des Ganzen durch Ankauf ganzer Bibliotheken von Privatleuten zu legen. Der Brief von LA GRANGE über LAPLACE's mögliche Versetzung nach Berlin unter FRIEDRICH dem II. hat Sie gewiss interessirt. Es herrscht dazu ein liebenswürdiger Ton in dem Briefe. So möchte jetzt nicht eine Correspondenz zwischen POISSON, CAUCHY und unserem incisiven JACOBI aussehen. Andere Zeiten, andere Racen, auch andere Dimensionen! Dass der Ring der Sternschnuppen die Sonne periodisch schwächt und Kälte erregt wie ERMAN so fabelt credat Judaeus Apella. Mit alter Bewunderung und Liebe

Ihr

Al. Humboldt.

Meine zärtlichsten Grüsse an WEBER und DR. GOLDSCHMIDT. Der junge magnetische Seeofficier BRAVAIS aus Lapland hat mir sehr gefallen. Er ist ein Franzose von der guten Art.

33.

A. v. Humboldt an Gauss.

In dieser bewegten Zeit, wo mein Gemüth durch den Tod eines Monarchen, der mich eines langen Vertrauens würdigte und nie meine geistige Unabhängigkeit schmälerte, getrübt ist, finde ich, hochverehrter Freund, keine Worte, um Ihnen für Ihre letzte tiefsinnige Schrift zu danken. Sie wird von denen aufs höchste bewundert, die das Glück geniessen Sie in Ihrer ganzen Grösse bewundern zu können. Mir dem Unwissenderen und Schwächeren steht es zu, mich Ihrer Zuneigung (als einer der grössten Auszeichnungen meines Lebens) zu erfreuen, in Ihnen den Menschen zu lieben, mit Ihnen zu klagen über die nicht ganz freudigen Zeiten, in denen wir leben; Sie um die Fortsetzung Ihrer mir über alles theuren Freundschaft zu bitten, und Ihnen heute einen sehr ausgezeichneten mathematischen Physiker H. VON ETTINGHAUSEN aus Wien, der fast in der häuslichen Umgebung des Fürsten METTERNICH lebt, aber dabei seine ganze wissenschaftliche Thätigkeit gerettet hat,

dringend und inständigst zu empfehlen. Electro-Magnetismus, Optik und Daguerotypen haben H. von Ettinghausen, der lebendig, einfach und liebenswürdig ist, stufenweise beschäftigt. Mit alter Bewunderung und Liebe
Berlin den 24. Juni 1840. Ihr dankbarer

Al. Humboldt.

Die Zerwürfnisse im Schoosse des Pariser Instituts sind recht wild und unerfreulich.

34.
A. v. Humboldt an Gauss.

Unter allen Gräueln des Umziehens in eine entfernte, aber sehr gesunde und heitere Wohnung, wage ich es, mein theurer, hochverehrter Freund und College, Ihnen einige Zeilen der Liebe, des Andenkens und unverbrüchlicher Ergebenheit zu senden. Entschuldigungen wegen langen Stillschweigens sind, bei meiner zerstreuten Lebensweise, nach 6monatlichem Aufenthalte in Paris, einer darauf folgenden 13tägigen Reise nach Windsor, (in der ich Armer! nicht einmal die Sternwarte oder meinen Buchhändler besuchen konnte), nach langer Umgebung des viel unternehmenden, geistreichen Monarchen in Berlin, Charlottenburg und Sanssouci, einem 73jährigen Manne erlassen. Ich wirke so viel ich kann, oft nur als eine Atmosphäre, bisweilen unmittelbar, spare die Nächte für meine litterarischen Arbeiten und Correctur der Probebogen und mache thörichte Pläne zu künftigen Arbeiten, als hätte ich noch lange mich auf dem irdischen Boden zu tummeln. Der Russischen Reise (ich dachte einen Augenblick über Schweden zurückzugehen) bin ich entgangen. Man hat gefürchtet, dass ich dem Mächtigsten dort, politisch, nicht angenehm sei. (»Dies sehr im Vertrauen.«) Nach dem Rhein werde ich den König begleiten. Ein summender Bienenschwarm deutscher Fürsten wird dort hinziehen. Der König hat den edlen Gedanken gehabt den intellectuellen Ruhm seines Jahrhunderts und den der künftigen an den Ruhm des grossen Friedrich zu knüpfen. Er hat aus Liebe zu diesem, dem die Theologie eine Mythe war, die Theologie ausgeschlossen, was vielen auffallend sein kann. Dass Ihr grosser Name, mein theurer Freund, sich dem Monarchen zuerst und von selbst darbieten musste, bedarf keiner Versicherung. Ich kann aber »specialiter« bezeugen, dass, als der König mir zum ersten Male von diesem Orden sprach (ich rieth davon ab, weil ich vorher sah, dass alle nicht Ernannten mit . . . . . . auftreten würden!) Er Ihren Namen schon mit Sanscrit-Buchstaben in die Liste eingetragen hatte. Ich sage: mit Devanagari-Buchstaben, eine Gewohnheit des heiteren Fürsten damit man die offenen Blätter seines Tisches nicht leicht lese. Fürst METT. ist eine launige Ernennung. Die bösen Berliner sagen, es sei ein Gegenstück zu DAGUERRE: aber Prof. MOSER in Königsberg macht jetzt Lichtbilder bei Nacht. Alle Körper, behauptet er, sind selbstleuchtend und bilden sich, genaht, auf einander ab. Dass ich für den »responsablen Minister« des Friedens-Ordens hier am meisten angegriffen werde, versteht sich von selbst, doch hatte ich nur Theil an den Discussionen vor dem König, zugleich mit drei Ministern, EICHHORN, SAVIGNY und THILE. Ueber alle kleinlichen politischen und aristokratischen Neben-Ansichten erhaben, zeigte sich allein der König. Berühmte Namen sind auf den Listen verschwunden weil man in den letzten Tagen erst den leidigen Entschluss fasste, statt 46 (gleich der Zahl der Regierungsjahre FR. II.) nur 30 zu ernennen. Viele Stühle wurden umgekippt. Hinc illae lacrymae. Aber ich schäme mich zu spät, Ihnen von diesen Elendigkeiten, unter denen ich leide, zu reden, statt Ihnen Glück zu wünschen über die riesenmässigen Fortschritte Ihrer magnetischen Schöpfungen.

Darf ich Sie bitten, theurer College, dem Ueberbringer dieser Zeilen H. DOHRN einen liebenswürdigen vielgereisten und talentvollen Mann wohlwollend aufzunehmen und ihm zur Benutzung der herrlichen Bibliothek zu verhelfen. Handelsgeschäfte (in Stettin) halten den jungen Mann nicht ab, sehr gelungene metrische Uebersetzungen des alten spanischen Theaters zu machen.

Mit alter dankbarer Verehrung
Berlin, den 3. Juli 1842. Ihr getreuester
Al. Humboldt.

35.
A. v. Humboldt an Gauss.

Wegen der flüchtigen Durchreise des Kaisers von Russland mit dem Hofe auf einige Stunden von Sanssouci hieher verschlagen, habe ich kaum einige Minuten Zeit, um einem trefflichen jungen Analytiker H. EISENSTEIN, von sehr armen Eltern, durch sich selbst gebildet, jetzt endlich vom König etwas unterstüzt, diese wärmste aller Empfehlungen an Sie, mein hochverehrter Freund und College, zu geben. Den jungen Mann führt (was ich verstehe) Bewunderung Ihres Namens zu der Pilgerschaft. Er ist gemüthlich und brav. Schenken Sie ihm Rath und, da er sie gewiss verdient, auch Aufmunterung. Meine Gesundheit ist trotz des zurückgelegten 74. Jahres noch wunderbar fest. Ob mich gleich die zu grosse Nähe des Monarchen sehr beschäftigt, so habe ich doch die Unvorsicht den Druck des Kosmos begonnen zu haben. Ihnen soll der erste Theil zu Füssen gelegt werden, sobald er erscheint. Sie kennen meine unverbrüchliche Liebe und Anhänglichkeit für Sie. Geistig und politisch quält und betrübt mich vieles, weil man zur schwankenden Zeit noch schwankend gesinnt ist! Auch das Benehmen der Gebrüder GRIMM habe ich sehr tadelnswerth gefunden gegen einen Mann den man verfolgt hat. Dankbarst

Berlin 14. Juni 1844.   Ihr

                        Al. Humboldt.

Geben Sie gütigst einen kleinen Schneeweissen Aufsatz von mir, den ich heute anonym habe erscheinen lassen, an jemand der sich in Göttingen für die phys. Geographie des Himalaya interessirt.

Meine schönsten Grüsse an H. GOLDSCHMIDT.

36.
A. v. Humboldt an Gauss.

Ich nähere mich Ihnen, hochverehrter Freund und College, mit altem Vertrauen ob ich gleich seit mehreren Jahren Ihnen nicht die erneuerte Versicherung meiner dankbarsten ich sage gern ehrerbietigsten Anhänglichkeit dargebracht habe. Mein Leben ist ein mühselig zerrissenes arbeitsames Leben in dem mir fast nur nächtliche Stunden zu litterarischen Arbeiten übrig bleiben. Sie werden fragen, warum ich aber 76 Jahre alt, mir nicht eine andere Lage verschaffe? Das Problem des menschlichen Lebens ist ein verwickeltes Problem. Man wird durch Gemüthlichkeit, ältere Pflichten, thörichte Hoffnungen gehindert. Meine physischen Kräfte haben sich wunderbar erhalten, aber trübe Familienverhältnisse hätten diesen Winter meine Gesundheit erschüttern können. Mein Neffe B^r. Bülow, ehemaliger Minister der auswärtigen Angelegenheiten, einer der freisinnigsten, ausgezeichnetsten Staatsmänner unserer Zeit, hat uns 8—9 Monate lang das schreckliche Schauspiel gestörter Intelligenz gegeben!! Er ist endlich durch den Tod erlöst worden und die Angelegenheiten einer zahlreichen liebenswürdigen Familie erheischen jetzt meine ganze Sorgfalt. Diese wenigen, für Sie leider uninteressanten Zeilen haben den doppelten Zweck, mich endlich einmal wieder in das Andenken eines Mannes zurückzurufen der durch Geisteskraft und Edelmuth des Charakters bei mir höher als irgend jemand unter den Zeitgenossen steht und diesen mir so wohlwollenden Freund mit einer Bitte zu belästigen. Sie haben mir so überaus ehrenvoll über den jungen hochbegabten Dr. Eisenstein geschrieben, der, trotz meiner Bemühungen noch immer dürftig ist. Die hiesigen Mathematiker scheinen mir weniger freundlich für ihn zu sein, als ich es wünschte und er es gewiss verdient. Einige haben sogar Grenzstreitigkeiten angefangen, die wenn auch einiges Versehen von der Seite meines jungen Freundes Eisenstein vorgefallen wären, doch nicht herbe Rüge ihm zuziehen sollten. Ich darf hoffen, dass seit der Zeit, wo auf meine Bitte Sie Eisenstein so unendlich liebevoll ganz wie es einem grossen Character wie dem Ihrigen natürlich ist, in Göttingen aufnahmen, Sie neue Arbeiten des jungen Mannes gesehen haben. Ich fordere jetzt von dem Minister Eichhorn, der gleich warm für Eisenstein geblieben ist, dass er meine Bitte beim Könige um eine Besoldung als Privatdocent von 600 Thalern unterstütze. Ein wohlwollendes Wort von Ihnen, hochverehrter Freund, eine Empfehlung für den jungen Mann, würde entscheidend sein. Wollen Sie das Wort nicht an Minister Eichhorn selbst richten, so bitte ich Sie inständigst mir einige freundschaftliche Zeilen zu schreiben deren ich mich bedienen darf. Es wird mir eine der grössten Freuden sein, die ich Ihnen je hätte in meinem Leben verdanken können. Wie Sie mir einst ein so grosses Lob von dem herrlichen jungen Manne schrieben sagte ich mir im Inneren: so gut ist es mir in meiner Jugend nicht geworden von FRIEDRICH GAUSS! so ausgezeichnet zu werden. So ist denn der arme BESSEL nun auch von seiner langen Qual erlöst worden. Es ist mit ihm eine sonderbare Ueberzeugung in das Grab gegangen von der Sie, mein edler Freund, vielleicht nicht gewusst. Er schrieb mir am 1. Juni 1844 also vor seiner Krankheit: »ich schreibe Ihnen etwas, das noch unreif ist. Ich habe Verdacht gegen die Unveränderlichkeit der Polhöhe. Meine sehr schön unter einander stimmenden Beobachtungen mit dem neuen Kreise verkleinern die Polhöhe fortwährend, vom Frühjahr 1842 bis jetzt zwar nur um $0.''3$ aber selbst diese Kleinigkeit scheint mir nicht ein Beobachtungsfehler sein zu können, denn nach meiner jetzigen Beobachtungsart wird alles eliminirt was constanten Einfluss auf die Mittel der einzelnen Sätze haben könnte. Ich denke dabei an innere Veränderungen des Erdkörpers welche Einflüsse auf die Richtung der Schwere erlangen.« Schon in SCHUMACHERS Jahrbuch für 1840 S. 134 wird aus Zweifeln »über das Gleichbleiben der Schwere,« das Emporsteigen der Continente für bloss scheinbar als Folge der veränderten Krümmung der Meeresfläche erklärt. Ich habe dies im Kosmos (I. S. 312) bestritten. Eine Veränderung von $0.''3$ ist bei relativen Bestimmungen wie in Untersuchung der Parallaxen allerdings etwas beträchtliches, aber bei absoluten Bestimmungen darf man doch wohl nicht zu solch einer Dichtigkeitsveränderung seine Zuflucht nehmen. Im Quarterly Review bin ich gehörig über meine Kühnheit gezüchtigt worden im Kosmos I. S. 428 die Ursündhaftigkeit der magnet. Sonntagsbeobachtungen vertheitigt zu haben. Der engl. Fanatismus hat uns um den wahren Fortschritt der Perturbation vom 25. September (der von TORONTO) gebracht. Ich bin stolz mit Ihnen gemeinschaftlich zu leiden, denn ich denke Sie, mein theurer Freund, werden auch einmal wegen Ihrer Sonntagsbeobachtungen angegriffen. BESSEL wird wohl durch HANSEN ersetzt werden, so dass ARGELANDERN Königsberg, HANSEN (der freilich zum Beobachten minder geneigt aber weit mehr mathematisch unterrichtet ist) Bonn angeboten würde. Machen Sie mir bald die Freude nur gute, recht gute Nachricht von Ihrem Befinden zu geben. Die Hälfte des 2. Bandes meines unvorsichtigen Kosmos ist gedruckt. Mit alter Verehrung und freundschaftlichstem Dankgefühl

Berlin den 7. April 1846. Ihr
Al. Humboldt.

37.
A. v. Humboldt an Gauss.

Sie sind, mein edler, hochverehrter Freund, immer so nachsichtsvoll und wohlwollend für mich, dass Sie mir gewiss gern die Lästigkeit dieser Zeilen verzeihen. Ich empfehle Ihrer freundlichen Aufnahme und Ihrem besonderen Schutze einen jungen Amerikaner, Herrn BENJAMIN APTHORP GOULD der von einer sehr begüterten Familie abstammend, sich mit recht lobenswerthem Fleisse der praktischen Astronomie widmet. Herr GOULD hat zu ENCKE's Zufriedenheit viele Monate an unserer Sternwarte gearbeitet und (ich muss es schon wagen das Wort auszusprechen) der achtungswerthe junge Mann hat den heissen Wunsch, sich in Göttingen aufhalten zu dürfen, um unter Ihren Befehlen vielleicht Beschäftigung auf Ihrer Sternwarte zu finden. Ich habe ihm nicht besondere Hoffnung gemacht; ihm vorhergesagt, dass das Gelingen eines solchen Wunsches von Localverhältnissen abhinge, die aus der Ferne gar nicht zu beurtheilen sind. Eine freundliche Aufnahme aber, Verehrungswerther Freund, wenn sein Aufenthalt in Göttingen auch nur kurz sein müsste, konnte ich ihm verheissen, da ich weiss, so selten ich Ihnen auch Lebenszeichen gebe, wie freundschaftlich Sie immer noch für mich sind. Herr GOULD hat den guten Verstand, sich als Mathematiker mehr ausbilden zu wollen, als es in der »Schule der Central-Sonne« und des hohen Nordens Sitte ist. Ich hatte ihn deshalb in Verbindung mit dem trefflichen leider! kränkelnden, mir immer gleich lieben, von den Berliner mathematischen Grossmächten wenig gepflegten EISENSTEIN gesetzt. Ich lausche in alter Bewunderung Ihres Namens, in alter Liebe Ihres Sinnes, auf alles was mir Reisende von Ihrer Gesundheit, Ihren Augen, Ihren Anstrengungen sagen. Meine Gesundheit, 77 Jahre alt, erhält sich wundersam, aber die grosse Nähe eines geistreichen, litterarischen und artistischen Königs setzt mich in einen bedrückenden, zeitraubenden Geschäftskreis. Meine litterarische Arbeit ist fast nur eine nächtliche. Es fehlen nur noch einige Bogen zum 2. Bande des Kosmos, eine Art unmöglichen Unternehmens, und die Aufmerksamkeit nicht werth, die man dem Buche des gewagten Titels wegen geschenkt hat. Dass ich den hiesigen politischen inneren Verhältnissen glücklicher Weise ganz fremd stehe, brauche ich Ihnen nicht zu sagen. Unbefriedigte Aufregungen sind wenig erfreulich. Mit alter Liebe und Verehrung.

Berlin, den 23. März 1847.   Ihr getreuester

Al. Humboldt.

Ich müsste augenblicklich mit unserem ENCKE wegen seiner zu leidenschaftlichen Angriffe auf RAUMER unzufrieden sein. Ich hatte deutlichst in der Akademie noch vor der Absendung des so elend stylisirten Briefes erklärt, dass ich RAUMER's religiöse und politische Meinungen ganz theile, aber glaube, dass er an der Form gefehlt habe. Das Verhältniss zwischen RAUMER und ENCKE, wie auch das zwischen ENCKE und mir ist ganz hergestellt. Ich glaubte Ihnen nichts verschweigen zu dürfen.

38.

A. v. Humboldt an Gauss.

Hochverehrter Freund und College.

Es gehört zu den schmerzhaften Erfahrungen meines vielbewegten Lebens, an dem feierlichen Tage, für den diese Zeilen bestimmt sind, unter vielen äusseren politischen Bedrängnissen, Ihnen nicht persönlich die Gefühle meiner dankbaren Anhänglichkeit, meiner so lang genährten Bewunderung ausdrücken zu können. Als ich nach fünfjähriger Abwesenheit wieder den europäischen Boden betrat, war mein erstes Bestreben, Sie, dessen Namen schon so hoch glänzte, für mein Vaterland zu gewinnen. Ich hatte den Schmerz des Nicht Gelingens und der erste, der tiefsinnigste, alles umfassende Mathematiker Europa's musste einem anderen Theile des, auch damals uneinigen Deutschlands angehören. Mir dem fast antediluvianischen, achtzigjährigen Reisenden ist aber geworden, ich sage nicht der Ersatz, aber die unaussprechliche Freude, in dem bewunderten Manne den gemüthlichsten, nachsichtsvollsten, liebevollsten Freund zu finden. In diesem Worte, das ich auszusprechen wage, liegt für mich die Befriedigung eines Stolzes, den ich so gern und öffentlich bekenne.

Mit unverbrüchlicher Verehrung

Potsdam, den 12. Juli 1849.   Ew. Hochwohlgeb.
treuester und gehorsamster
Al. Humboldt.

39.

A. v. Humboldt an Gauss.

Wenn ich nach so langer Unterbrechung einmal wieder Ihnen, Verehrter Freund und College, ein kleines Lebenszeichen gebe, so geschieht es in der festen Zuversicht, dass Sie noch immer mir die Vorliebe erhalten haben, deren ich so lange und zu meiner grossen Freude genossen. In einem Uralter von 81 Jahren, durch viele unlitterarische Störungen bedrängt, ist meine Gesundheit wundervoll doch so erhalten (kleine tiefeingewurzelte Magenübel abgerechnet) dass ich meine nächtliche Arbeit fortsetzen kann. Möge ich eben so freudige Nachricht von Ihnen empfangen, in einer Zeit, wo der politische Horizont so getrübt ist! JACOBI's so unerwartetes Hinscheiden an schwarzen Pocken und also nicht an der Krankheit (Diabetes) . . . . ? kannte, ist ein grosser Verlust für die Wissenschaft. So schmerzhaft mir auch, schon wegen seiner früheren Verhältnisse zu dem Könige, das ganz zwecklose und kindische Benehmen zu einer andern Zeit, so habe ich ausdauernd und mit Erfolg die Schritte gethan, die ihn Preussen erhalten konnten. Meinen inneren Gefühlen ist er nie nahe gewesen. Sein Tod regt mich nur an endlich einmal dem talentvollen EISENSTEIN eine geziemende Anerkennung zu verschaffen. Seine Lage ist unerhört dürftig und es ist mir nie geglückt ihm, statt 300 Thlr., die ihm der Finanzminister gelassen, die 500 Thlr. wiederzuschaffen, welche ihm der König gegeben. Politische Anfeindungen sind gar nicht Grund dieser Entziehung gewesen; denn es war leicht von der Seite ihn vollkommen zu rechtfertigen. Er hat als man hier am meisten bewegt war, am ruhigsten seine besten Arbeiten vollendet. JACOBI und DIRICHLET hatten ihn vor wenigen Wochen, mit vielem und gerechtem Lobe der Akademie zum Mitgliede vorgeschlagen. Er wurde wirklich mit zwei anderen (dem Physiker DUBOIS und dem Zoologen PETERS) in unserer Klassensitzung gewählt, konnte aber da die Gesammt-Akademie nur 2 neue Mitglieder ernennen wollte und die Wahl der beiden anderen stimmenreicher ausgefallen war, von der Gesammt-Akademie nicht ballotirt werden.

Die grösste Autorität unter seinen Zeitgenossen sind Sie, mein edler Freund!

Schlagen Sie mir meine Bitte nicht ab. Ich flehe dass Sie in einem Privatbriefe mir jetzt wieder, wie Sie so oft und so kräftig gethan, einige recht freundliche Zeilen über die so vortheilhafte Meinung, die Sie seit dem frühesten Erscheinen von den Geistesgaben des jungen Mannes und seiner schönen ausdauernden Thätigkeit gehabt haben, geben. Wenige Zeilen von Ihrer Hand werden vom grössten Troste sein!

Sie haben, Verehrter Freund, gewiss ein ebenso lebhaftes Interesse als ich an den merkwürdigen Behauptungen von SABINE die im Phil. Trans. for 1850 Part I in seinen Mem. on the means adopted in the Brit. Colonial Magnetic Observatories for determining the annual variation of the terrestrial magnetic force, genommen. Von October bis Februar also in unserem nördlichen Winter (wenn die Erde der Sonne näher ist and moves with greatest velocity in her orbit, nähert sich in beiden Hemisphären in Toronto und Hobarton die Nadel der Verticalität, und wird in beiden Hemisphären zugleich die totale Kraft grösser ob es gleich dann in Toronto am kältesten und in Hobarton am wärmsten ist. The North Inclination at Toronto is lowest and the South Incl. at Hobarton is highest in the respective summers of the two stations. From April to August the North Incl. at Toronto and the South Incl. at Hobarton are both diminished p. 215 und 216. Das ist mir neu und sonderbar und obgleich DOVE gefunden, dass von Oct. bis Febr. wegen der ungleichen Vertheilung des Festen und Flüssigen in beiden Hemisphären die Mitteltemperatur der ganzen Erde geringer ist als in der entgegengesetzten Periode des Jahres, so kann ich im Ganzen jene Thatsachen mir doch nicht wie SABINE will aus der Nähe der Sonne oder der Temperaturveränderung deutlich machen. Nach FARADAYS neuen Entdeckungen wird ein Bläschen Sauerstoffgas ganz wie Eisen vom Magnet angezogen, Stickstoff ist ohne alle Wirkung nicht einmal diamagnetisch und Sauerstoffgas verliert von seiner magnetic power (ich schreibe nach) wenn man es verdünnt und seine Temperatur erhöht. FARADAY behauptet[*]) alle magnet. Phänomene von Toronto und Hobarton zu erklären indem er sich den Sauerstoff der Atmosphäre wie eine eiserne Hülle um die Erde denkt die von ihrer magnet. Kraft auf der Seite verliert an der sie von der Sonne beschienen und erwärmt wird. Demnach wirkte die Sonne nicht eigentlich magnetisch, sondern magnetisirt die Erde durch Wärmevertheilung durch Erregung thermo-electrischer Ströme. Das ist nicht neu et bien vague. Aber die Entdeckung dass unter allen Gasen ein Bläschen Sauerstoff wie Eisen vom Magneten angezogen wird, ist eine grosse Entdeckung die gewiss auch Salubrität der Atmosphäre wirkt. Was man vergebens in veränderlichen Quantitäten des Sauerstoffs gesucht, wird man bald bei unveränderten Quantitäten in Zuständen suchen müssen. Verzeihen Sie ja, dass ich Sie mit meiner microscopisch unleserlichen Hand so lange quäle, aber Magnetismus ist Ihr Reich, Ihre Lichtschöpfung; man widersteht nicht der Freude Ihnen seine Zweifel über die sogenannten ursachlichen Verhältnisse vorzutragen. Mit alter Verehrung und innigster Freundschaft

Berlin den 22. Febr. 1851.   Ihr gehorsamster
                                         Al. Humboldt.

Obwohl auf Ihrer reichen Bibliothek die auch meine alma mater gewesen und in der meine älteste nie erschienene Schrift »über die Webereien der Alten« zusammentrug zufällig besitzt was ich hier nicht auftreiben kann: TITIUS Uebersetzung von BONNETS Betrachtungen über die Natur, Leipzig 1772, eine Uebersetzung aus der BODE sein albernes Gesetz der Planetenabstände will geschöpft haben.

---

[*]) FARADAY (Proceedings of the Royal Society) in Philosophical Magazine January 1851.

Ich möchte gern eine Abschrift der Seite 7 haben in der TITIUS die Weisheit niedergelegt hat. In BONNET Contemplation de la Nature finde ich nichts. Sagt wohl TITIUS, dass er es zugesetzt, ipse invenit?

40.
A. v. Humboldt an Gauss.

Berlin, d. 26. Febr. 1851.

In der Besorgniss, Ihre freundschaftliche Gewogenheit für ein Bedürfniss, das so eben befriedigt worden ist, in Anspruch genommen zu haben, veranlasst diese Zeilen, Verehrungswerther Freund! Prof. MOEBIUS in Leipzig hat mir soeben die Uebersetzung des TITIUS von BONNETS Cont. de la Nature 1772 geschickt, welche das Phantasiespiel des »BODE'schen Gesetzes der Planeten-Abstände« enthält. — JACOBI's hinterlassene Papiere, viel über die Geschichte der griechischen Mathematiker enthaltend, sind von der Wittwe, einer Schwester des Hauptm. SCHWINCK (der, auf BESSEL's Veranlassung, Sternkarten herausgegeben) in DIRICHLET's Hände gelegt worden. Der Hingeschiedene hinterlässt in grosser Dürftigkeit 7 Kinder. Wir werden alle Mittel aufbieten zu helfen. FAYE ist schon sehr mit der franz. Uebers. meines 3ten (ganz astronom.) Theiles des Kosmos beschäftigt. Die engl. Uebersetzung von SABINE ist bereits erschienen. Mit inniger Verehrung und Freundschaft
Ihr treuester
Al. Humboldt.

41.
A. v. Humboldt an Gauss.

Potsdam den 26. Oct. 1851.

Verehrungswerther Freund und College! Ein uralter, jetzt 82jähriger Mann, dem Ihre Freundschaft und Ihr Wohlwollen von der Zeit an wo Sie noch in Braunschweig Ihr erstes grosses Werk schrieben, immer ein Lichtpunkt im Leben war, wendet nach langem

Stillschweigen sich heute bittend an Sie. Der sehr arbeitsame und hoffnungsvolle Sohn eines geistreichen Mannes des kön. Leibarztes Schönlein ist von dem Wunsche beseelt durch gründliche naturhistorische und physikalische Studien sich zu einer wissenschaftlichen Reise ausserhalb Europa vorzubereiten. Der sehr wohlhabende Vater, der zu den begabtesten Aerzten unseres Zeitalters gehört, unterstützt diese Neigung um so mehr als er selbst eine sehr grosse Vorliebe zur Experimentalphysik und chemischen Physiologie hat. Meine ganz gehorsamste Bitte geht nun dahin, dass Sie theurer Freund, dem jungen Mann erlauben, sich in meinem Namen Ihnen vorzustellen. Er ist auf mein Anrathen von Eisenstein unterrichtet worden und wegen der vorhabenden Reise wäre es sehr zu wünschen, dass er praktisch eingeübt würde astronomische Ortsbestimmungen mittelst Sextanten zu machen (Stundenwinkel, correspon. Sonnenhöhen, Breitenbestimmungen durch ☉ oder Sternculminationen, allenfalls Monddistanzen — alles in dem bescheidenen Maasse als es von einem für andere Zwecke reisenden gefordert werden darf). Meine lästige Bitte ist also, ob für den jungen Schönlein, unter Ihrem Schutze jetzt jemand in Göttingen zu finden wäre dessen Musse es ihm erlaubte, einigen ganz praktischen Unterricht in Anwendung von Reflexions-Instrumenten zu geben, sich auch über Barometer-Messungen und magnetische Beobachtungen nachträglich zu unterhalten. Ich weiss aus Erfahrung, dass Selbstübung und Möglichkeit des Anfragens zu Hebung der Schwierigkeit das beste Mittel ist zum Zweck zu gelangen. Entschuldigen Sie ja die Beschwerde die ich errege. Sollte sich während des Universitätslebens Gelegenheit zum Einüben finden, so würde ich dem Vater rathen von hier aus einen 4—5zölligen Spiegel-Sextanten und künstl. Horizont von Oertling und Pistor dem Sohne zu schicken. Es ist für Anfänger nützlich immer mit demselben Instrumente zu operiren. Der treffliche sich überarbeitende Eisenstein, mit dem ich mich ununterbrochen und gern beschäftige ist in elendem Gesundheitszustande, eine Kaltwasserkur brauchend in Berlin selbst, zu der ich weniger Vertrauen als er hat. Eine Brustkrankheit bedroht ihn und die so lange betriebene Anstellung als Professor ist bei der Eiskälte und Unwissenschaftlichkeit der jetzigen Oberbehörden in nicht theologischen Dingen (in solchen die das Unglück haben Finsterniss zu zerstreuen) auch immer im Werden. Meine Gesundheit erhält sich wundervoll durch Arbeit-

samkeit, die nächtliche, denn die tägliche ist durch den traurigen Andrang den die Nähe eines Königs veranlasst, über alle Maassen getrübt. Ich habe Himmel und Erde nicht in einem dritten Theil zusammendrängen können und behalte demnach die Specialia, d. h. die Ausführung der tellurischen Theile des Naturgemäldes des 1. Bandes dem 4. Theile vor. Es ist allerdings anmassende Unvorsicht in meinem praeadamitischen unwahrscheinlichen Alter von einem neuen Bande zu reden, aber ich habe Freunde, welche, im Fall des Ablebens, ausser dem Register, den 4. Theil mit kleinen geognostischen, meteorologischen und pflanzengeographischen Arbeiten füllen würden. Ich corrigire so eben die letzten Bogen der 2. Abtheilung meines dritten ganz astronomischen Theils. Sie enthält: Nebelflecke, die Theile des Sonnengebiets, Haupt- und Nebenplaneten, Cometen, Thierkreislicht und das Problematische der Meteorsteine. Ich habe grosse Sorgfalt auf die Genauigkeit des Numerischen gewandt und bloss in dieser Hinsicht hat GALLE mein Manuscript gesehen. Leider verlieren wir ihn, da er aus Liebe zu einer unabhängigen Stellung BOGUSLAWSKI's Professur und Direction einer elend ausgerüsteten Sternwarte annimmt. . . . .
. . . . allzugrosse Abgeschlossenheit veranlasst. Der talentvolle ROSENHAIN, welchen man eines unbeliebten, JACOBI'schen, etwas erhöhten Chromatismus beschuldigte, hat den Preuss. Dienst verlassen. Ich habe ihn sehr warm, da ihn die ruhige Zeit entfärbt hat an den Graf LEO THUN, den sehr gläubigen aber politisch freigesinnten Oestr. Cultusminister empfohlen. Es sind ihm freundliche Versprechungen gemacht. Ihre Nachsicht anflehend, werde ich Ihnen, verehrter Freund, so bald meine 2. Abtheilung erscheint, beide Abtheilungen in einen Band gebunden, zusenden.

Wie glücklich würde ich sein, wenn auch ich nur einige Aeusserungen, die mich leiteten von Ihnen lesen könnte, aber FARADAY's mich quälende Entdeckungen, seine theoretischen Ansichten, was er magnetic power of oxygen only a conduction polarity § 2933, 2822, 2835 nennt, verwirrt mich. Wie denkt sich F. dass die calotte d'oxygene, Sauerstoff-Umhüllung nicht Pole annimmt durch Erdmagnetismus (power of magnetic force p. 77) und doch den magnetischen Erdströmungen ihre Richtung anweist? »Oxygen is a magnetic medium of no small power« § 2791 ja mit Eisen verglichen

(p. 47) von ungeheurem power. Ist das Endresultat des Ganzen etwa: dieses Oxygen wäre ein magnetisirbarer Körper dessen Magnetisirbarkeit durch Verdünnung (Dilatation) und Temperaturerhöhung geschwächt wird. Diese Fähigkeit ungleicher Magnetisirbarkeit, diese Ungleichheit und Einwirkung welche die Sonne in ihrem scheinbarem Laufe ausübt, soll Richtung und Kraft modificiren. Es herrscht in dem allen eine unmathematische Dunkelheit in den Ideen und dem Ausdruck. — Die alte schon vor Parry 1742 in Sibirien gemachte Beobachtung, die wir auf meiner nordasiatischen Expedition für den Russischen Kaiser überall bestätigt gefunden haben, dass Magnetberge in der Natur ihres Gesteins nur da Polarität zeigen, wo sie an der Oberfläche im Contact mit der Atmosphäre gewesen sind, hängt mit diesen Betrachtungen zusammen. In Basaltbrüchen sind die im Innern stehenden Basaltsäulen auch nicht polarisch. Möchten Sie doch einen Blick werfen können auf die sehr kleine Schrift: Dr. Zaddach Privatdocent in Königsberg über magnetische Polarität des Basalts (Bonn 1851) und einige Worte über Magnetica der Neu-Zeit für mich dictiren.

Mit unwandelbarer Anhänglichkeit, Dankgefühl und Verehrung
Ihr
Al. Humboldt.

Auch die Geschwindigkeit electr. Wirkung und Fortleitung ist besonders bei der Erdleitung mir ganz unklar geworden. Verzeihung für die Ungeduld die Ihnen die Unleserlichkeit meiner microscopischen Handschrift machen wird.

42.
A. v. Humboldt an Gauss.

Wenn ich, Hochverehrter Freund und College, Ihnen diese wenigen Zeilen des Dankes für die wohlwollende Behandlung, die Sie dem Sohn eines überaus geistreichen Mannes, des kön. Leibarztes Schönlein, auf meine Bitte, schenken, nicht durch diesen jungen Mann selbst schicke, so ist es, weil ich diesen vor seiner Abreise zu sehen versäumt habe. Leider muss ich, ein 82jähriger Urmensch, meinem Danke auch schaamvoll den Ausdruck eines Geständnisses meiner Schuld hinzufügen. Ich bin seit 8 Monaten unglücklich über den Verlust eines inhaltreichen, analytisch wichtigen Briefes des vortrefflichen, armen, kranken, arbeitsamen Dr. EISENSTEIN, der ein gebundenes Ihnen bestimmtes Exemplar seiner wichtigen Abhandlung über die positiven ternären quadratischen Formen, begleiten sollte. Bald habe ich ihn geglaubt einem unzuverlässigen Reisenden anvertraut zu haben, bald dass ihn meine Leute verloren hätten ... Tage lang habe ich zugebracht nach dem Schatz zu suchen, ich der ich nie Manuscripte verloren, noch mit Bleifeder geschriebene Sonnenhöhen aus dem Jahre 1799 vom Gipfel des Pic von Teneriffa mich zu besitzen rühme. Seit 6 Tagen ist der Zauber gelöst. Da ich im August mit dem König auf dem »historischen Hügel« (Sanssouci) lebe und nur alle Woche einmal nach Berlin komme, so hatte ich in grosser Sorgfalt Brief und Abhandlung in eine Mappe mit Geldpapieren gelegt, auch den Anfang eines eigenhändigen Briefes an Sie, Hochverehrter Freund, hinzugefügt. Gerade in dieser Mappe hätte ich einen algebraischen Schatz nicht gesucht. Schenken Sie mir grossmüthig Verzeihung. Da Sie meine Lage und meine Thätigkeit für talentvolle junge Leute kennen, so schildert Ihnen nichts lebendiger die traurige Theilnahmlosigkeit unserer Zeit an allem was nicht theologischer Dogmatismus oder revolutionäre politische Bestrebung ist, als das Fehlschlagen an allem was ich für EISENSTEIN versucht, der immer noch nicht Professor ist, und bei einem kümmerlichen nicht einmal fixen, sondern von 3 zu 3 Jahren erneuertem Gehalte (400 Thalern) darbt. Wie durch Ihre grosse Autorität er Mitglied der Gött. Soc. geworden ist, so hat ihn denn jetzt auch die hiesige Akademie der Wissenschaften moniviter (?) aufgenommen, wobei in den nächsten Jahren aber noch nicht einmal Aussicht zu dem kleinen Gehalte (200 Thaler) ist. Erhalten Sie ihm Ihre wohlthuende mächtige Stütze und da ich sehr daran arbeite dass EISENSTEIN Corresp. de l'Institut wird, so flehe ich, dass Sie, wenn Sie Gelegenheit dazu haben, auch einige schützende Worte nach jener westtürkischen Hauptstadt sagen lassen. Der junge Mann ist dazu leichenblass und in vollem Gange zur Lungensucht! Ich suche mich noch immer, bei Tage grenzenlos gestört, durch nächtliche Arbeit am letzten, und 4. Bande des Kosmos zu zerstreuen. Mein kleines Unwohlsein diesen Winter war bloss Schnupfen und ohne Bedeutung. Möchte ich doch auch recht erfreuliche Nachricht von Ihrem uns so theuren Befinden vernehmen. Die immer zunehmende Complication des Planeten-Systems mit Vervielfältigung der Erscheinung von sich durchschneidenden Bahnen und bisher nur in einer und derselben Zone des Weltraums, die electromagnetische Leitungsfähigkeit einer einzigen Gasart und einer so wichtigen, Licht nährenden des Sauerstoffs, die im Vergleich mit WHEATSTONE's Versuchen so sonderbar verminderte Geschwindigkeit der electrischen Ströhme in telegraphischen Leitungen . . . beschäftigen mich oft. Mit alter Bewunderung und Anhänglichkeit

Berlin, den 25. April 1852. Ew. Hochwohlgeboren gehorsamster

Al. Humboldt.

43.

A. v. Humboldt an Gauss.

Verzeihen Sie, Hochverehrter Freund, dass ich, wegen der Eile einer sehr baldigen Ersatzernennung unseres berühmten, geistreichen Geognosten LEOPOLD VON BUCH, Sie mit diesen flüchtigen und doch bittenden Zeilen belästige. Man wünscht hier den Dahingeschiedenen in seinem Fache ersetzt zu sehen und damit nicht, wie gewöhnlich, so viele Stimmen zwecklos vereinzelt bleiben, so wage ich es zum ersten Male frei und schaamlos zu werben und Ihnen vorzuschlagen Sich gewogentlichst uns anzuschliessen und mit Ihrer Stimme von zwei Personen eine, den für Krystallographie und Oryktognosie sehr verdienten Geh. Bergrath und Prof. WEISS allhier oder den vortrefflichen, vielseitig thätigen Geognosten, Berghauptmann VON DECHEN in Bonn, des Hingeschiedenen theuersten Freund, zu beehren. Der junge SCHÖNLEIN hat uns erfreuliche Nachrichten von Ihrer Gesundheit und Ihrem schönen geistigen Leben mitgebracht. Welche liebenswürdige Milde und Zartheit des Characters ist nicht wieder ausgesprochen in Ihrem herrlichen Briefe über EISENSTEIN's Tod, den mir der brave Vater gezeigt! Ich danke Ihnen, hochverehrter Mann, im Namen der Menschheit, dass Sie uns das erhebende Schauspiel der grössten intellectuellen Mächtigkeit und Kraft gepaart mit unverlöschlicher, anregender Wärme der Gefühle darbieten. Diese Erinnerung, diese Vergegenwärtigung von dem was man liebt und verehrt ist wie ein Trost zu einer Zeit die, nach der Färbung meiner Meinungen und meinem Antheil an den Begebenheiten so niederschlagend auf mich wirkt. Dazu das arithmetische Geisterklopfen, die willkürlich hervorgerufene Begeistigung und Belebung von Fichtenholz- und Stein-Tischen, die wie »Hunde dressirt werden und des Menschen Organe werden« und aller Unsinn der Volksphysik, befruchtet durch das freche Halbwissen und den Magneticismus der sogenannten höhern Klassen. »Wenn Sie die Begeistigung der Tische läugnen, muss ich hören, so wer den Sie wohl gar auch läugnen, dass man Wärme fühlt, wenn man den Südpol eines Magnetstabes, Kälte wenn man den Nordpol berührt.« Unter diesen nicht erheiternden Eindrücken gewinne ich es doch über mich selbst, wenigstens nächtlichst ($11^h - 3^h$ morgens) wenn die störenden Feinde schlafen, fleissig zu arbeiten. Ein mit dem Alter bei mir zunehmendes Uebel ist minder die Abnahme der Kräfte, als die Abnahme des Vertrauens auf die Kräfte die einem bleiben: das verlangsamende der Arbeit. Die Magenschwäche an der ich von Jugend auf leide, nimmt sehr zu (Schwierigkeit der Verdauung). Ich denke dass noch in diesem Sommer der letzte Band des unvorsichtigen Kosmos und der erste Band der Physikal- und Geognostischen Erinnerungen, mit vielem Alten ganz umgearbeiteten vermengt, erscheinen soll. Nur über Erinnerungen sind 25 Bogen gedruckt. Ich flehe, theurer Freund, dass Sie mir auf diesen Werbe- und Klage-Brief nicht antworten und erneuere den Ausdruck der innigsten Verehrung und Liebe, die ich unverbrüchlich Ihnen geweiht habe.

Berlin 5. Mai 1853.   **Al. Humboldt.**

Meine freundlichsten Grüsse an WEBER und H. VON WALTERSHAUSEN.

44.
Gauss an A. v. Humboldt.

Beigehend übersende ich Ihnen, mein hochverehrter Gönner und Freund, meinen Vorschlag zur Wiederbesetzung der durch v. BUCH's Tod erledigten Stelle in der Reihe der Ritter des Ordens p. l. m.

Ich habe mit grösstem Vergnügen meine sonstige Absicht, die ohnehin wahrscheinlich isolirt stehen würde, Ihrem Wunsche untergeordnet. Wie ich stets bei den verschiedenen Gelegenheiten, wo Ihr Name in öffentlichen Blättern genannt wurde, mit innigster Freude auf Ihr fortdauerndes Wohlbefinden geschlossen habe, so ist diese mir durch Ihr freundliches Schreiben bestätigt und verdoppelt. Es ist mir eine Herzstärkung, Ihre Geistesfrische ganz wie früher darin wiederzufinden, und zu erfahren, dass die niemand ganz verschonenden Beschwerden des vorrückenden Alters bei Ihnen nur leichterer Art sind. Auch ich selbst, seit kurzem in mein 77. Jahr getreten, kenne solche schon seit längerer Zeit, obwohl sie mir sich anders gestalten. In meinen jüngern Jahren litt ich viel an Magen- und Unterleibsbeschwerden, wovon ich jetzt fast ganz frei bin, was freilich durch meine höchst einfache und gleichförmige Lebensweise bedingt ist. Dagegen sind seit etwa 6 oder 7 Jahren andere Beschwerden an jener Stelle getreten, von denen ich früher nichts wusste, Verschleimung in Brust und Schlund, Ausgehen des Athems bei Bewegungen zu Fuss, die mein gewöhnliches (kleines) Maass überschreiten, Herzklopfen und Schlaflosigkeit, alles zusammen dahin wirkend, dass die zur Verarbeitung wissenschaftlicher Untersuchungen geeigneten Stunden immer seltener werden.

In der letzten Zeit habe ich mich mit der Ausführung eines Apparats beschäftigt, um die FOUCAULD'schen Versuche in anderer Gestalt auszuführen. Ich habe es bei diesen, so wie FOUCAULD selbst, SECCHI u. a. sie ausgeführt haben, wie einen grossen Mangel betrachtet, dass dazu ein Lokal erfordert wird, wie es an wenig Orten zu Gebote steht, SECCHI hatte wenn ich nicht irre eine Höhe von mehr als 100 Fuss, FOUCAULD eines von mehr als 200, GARTHE 134 u. s. w. Höhe. Mein Apparat ist in jedem Local anwendbar, und zeigt schon jetzt die Einwirkung der Erdrotation nach kurzer Zeit auf das schlagendste, ich hoffe aber (da er jetzt noch unvollständig ist) die noch fehlenden Stücke, vielleicht successive, dahin zu bringen, dass alles in höchster Eleganz und Praecision erscheint.

Die jetzigen Tagsthorheiten habe ich ziemlich mit Gleichmuth betrachten, ja über einige Genrebilder wie die Versuche der Heidelberger Juristenfacultät mit dem Tischdrücken herzlich lachen können. Ich bin seit langer Zeit gewöhnt, von der Gediegenheit der höhern

Cultur, welche die s. g. höhern Stände durch Lesen populärer Schriften oder Anwohnen populärer Vorlesungen erwerben zu können glauben, wenig zu halten. Ich bin vielmehr der Meinung, dass in wissenschaftlichen Gebieten probehaltige Einsicht nur durch Aufwendung eines gewissen Maasses eigner Anstrengung und eigner Verarbeitung des von andern dargebotenen erlangt werden kann. Der Aussicht auf die baldige Vollendung des 4. Theils Ihres so überschwenglich inhaltreichen Kosmos freue ich mich um so mehr, da ich dadurch zu einer gewissen Orientirung in einem mir bisher wenig bekannten Felde zu gelangen hoffen kann. Ich hoffe zu Gott, dass Er Ihnen noch recht viele Jahre zu Ihren in ihrer Art einzigen Arbeiten schenken wird. Wie glücklich würde Welt und Nachwelt sein, wenn Sie nun auch noch den organischen Kosmos, die Pflanzen-, Thier- und Menschenwelt in Ihren Kreis aufnehmen wollten, nachdem Sie den materiellen Träger desselben von allen Seiten mit Ihrer Fackel durchleuchtet haben.

Stets in innigster dankbarster Verehrung

Göttingen den 10. Mai 1853.   Ihr treuergebenster

                                                                       C. Gauss.

45.

Gauss an A. v. Humboldt.

Hochverehrter Freund.

Wir Deutschen feiern gern, vielleicht mehr als irgend ein anderes Volk, gewisse Tage, die eine Zeitmaass-Beziehung haben auf uns theure Personen oder Begebenheiten, wie Geburtstage, Jubiläen und dergl. Der Messkünstler, in dessen Augen Verschwommenheit und Willkürlichkeit im Gegensatze zu Schärfe und Festigkeit, immer etwas Abstossendes haben, findet einen kleinen Uebelstand darin, dass der Grund, warum eben dieser Tag und nicht ein anderer zur Begehung der Feier bestimmt wird, mehr oder weniger von Willkürlichkeiten abhängt, von der Einrichtung unsers Kalenders, der Vertheilung der Schaltjahre, und, was Jubiläen betrifft, von dem Bestehen des Decimalsystems, also, in letzter Instanz, von dem Umstande, dass wir eben fünf Finger an jeder Hand haben.

Warum ich mit diesen trivialen Reflexionen Sie jetzt behellige? Ich kann nicht unterlassen, übermorgen den 9. December in tiefer Rührung einen Tag zu feiern, dessen ergreifende Bedeutung von keiner solchen Willkühr berührt wird. Es ist dies der Tag, wo Sie, mein hochverehrter Freund, in ein Gebiet übergehen, in welches noch keiner der Koryphäen der exacten Wissenschaften eingedrungen ist, der Tag, wo Sie dasselbe Alter erreichen, in welchem NEWTON seine durch 30766 Tage gemessene irdische Laufbahn geschlossen hat. Und NEWTONS Kräfte waren in diesem Stadium gänzlich erschöpft: Sie stehen zur höchsten Freude der ganzen wissenschaftlichen Welt noch im Vollgenuss Ihrer bewundernswürdigen Kraft da. Mögen Sie in diesem Genuss noch viele Jahre bleiben.

Der Doctor WICHMANN, Assistent der Königsberger Sternwarte, ein junger Mann, auf dessen Talente und Kenntnisse ich viel halte, ist, wie ich zu meiner Betrübniss von mehrern Seiten erfahre, in einem bedaurenswerthen Gesundheitszustande, der zum Theil eine Folge des Königsberger Klima sein soll. Man ist nicht ohne Besorgniss, dass er den Winter vielleicht nicht übersteht: indem ich jedoch noch nicht aufhören mag, das Beste zu hoffen, kann ich mich des Wunsches nicht erwehren, dass es ihm vergönnt und möglich gemacht werden möchte, eine angemessene Zeit in einem südlichen Klima zuzubringen, insofern gegen die milde Jahreszeit hin, seine Kräfte zu einer solchen Reise noch zureichen werden.

Bewahren Sie Ihre freundschaftlichen Gesinnungen, die ich stets zu meinen köstlichsten Gütern gezählt habe,

Göttingen den 7. December 1853.

Ihrem herzlich ergebensten
C. F. Gauss.

46.

A. v. Humboldt an Gauss.

Wenn ich, mein theurer, innigst verehrter Freund, so lange Ihnen kein Zeichen des Lebens d. h. der Dankbarkeit gegeben habe, so hat der Grund davon in zwei sehr verschiedenen Ursachen gelegen: Zuerst nenne ich das traurige Drama, das ich 2 volle Monate durchgespielt und an dem die ganze Stadt Theil genommen. Eine Enkelin meines Bruders eine sehr glücklich verheirathete geistreiche Frau hat als Folge innerer Masern, die ganze Zeit mit dem Tode gerungen. Die Mutter, Wittwe des vorletzten Ministers der auswärtigen Angelegenheiten, die mit drei anderen Töchtern in Rom war hat trotz der Winterkälte die Rückreise nach Berlin gewagt. Sie wollte die Kranke pflegen und fand sie todt in einem Sarge, den wir offen gelassen. Die Mutter konnte noch der Beerdigung beiwohnen, in dem schönen Begräbnissorte unseres Parks in Tegel, an der mit einer Statue (Spes) von THORWALDSEN gekrönten hohen Granitsäule, wo das gemeinsame Still-Leben der HUMBOLDT'schen Familie waltet. Die Dahingeschiedene lässt 3 zarte schöne Kinder ihrem jungen Gatten, Baron LOËN, Flügeladjutanten des Königs.

Der zweite Grund meines langen Stillschweigens ist heiterer Art. Der Ruhm Ihres Namens, Ihr Wohlwollen für den kranken Assistenten der Königsberger Sternwarte Dr. WICHMANN, so lebhaft ausgedrückt, hat ihm und mir Glück gebracht. Ich konnte dem König schreiben, wie warm Sie seine Rettung wünschten »wie viel Sie auf seine Talente und Kenntnisse hielten.« Sie sehen, hochverehrter Freund und College aus der Anlage, die ich Sie bitte mir nicht zurückzuschicken, wie sein Zustand sich verbessert, wie sehr er mit der kleinen Summe (1000 Thlr.) zufrieden ist, die ich ihm in diesen trüben, officiell neutralen Dardanellen (?) Zeiten losgeeiset. WICHMANN weiss durch mich, wie sehr ich auf Ihre Empfehlung fussen konnte. Könige kennen schon aus Bequemlichkeit in jeder Wissenschaft immer nur einen Namen, den Ersten! Ich lebe d. h. ich arbeite und da mein Haus eine Art Adress-Comptoir ist, ganz nächtlichst, wo die störenden Potenzen, die Freunde, schlummern. Es sind erst 19 Bogen des letzten Bandes des Kosmos gedruckt. Das Einzwängen aller tellurischen Phaenomene in einen Band ist in meinem so unvorsichtig begonnenen Kosmos schwieriger als bei Darstellung der Himmelskörper in der glücklicher Weise die Stoffverschiedenheiten noch keine Rolle spielen, die mythischen Taschenplaneten (Aerolithen) etwa abgerechnet. Die ganze ARAGO'sche Familie, MATHIEU Vater und Sohn, LAUGIER sind jetzt aus den Räumen verjagt in denen ich mit der Familie so viele Jahre gelebt. In den Werken von ARAGO (12 hinterlassene Bände mehr optisch und phy-

sikalisch wie astronomisch) werden Sie eine Einleitung Discours préliminaire) von mir finden. Halten Sie, theurer Freund, mir die scheinbare Anmaassung zu gute. Die Arbeit die ich in vier Nächten niederschreiben musste (24.—28. Decbr.) weil der erste Band anfangs den 14. Jan. erscheinen sollte, wurde von der Familie und dem Buchhändler gefordert. Man hätte von mir Sonette fordern können, ich hätte auch nicht ausgeschlagen. Was ich am meisten fürchte ist Ruf der Feigheit. Das Observatorium wird jetzt von einem allerdings ausgezeichneten Manne dirigirt, der nie in ein Fernrohr gesehen, von der Rectification der Instrumente und den practischen Arbeiten gar nichts weiss................
.... ARGELANDER war hier um die Astr. N. nach Bonn zu ziehen falls Altona zerstört oder nach Copenhagen übersiedelt wird.............. Wenn das Institut sich nur erhält, das SCHUMACHER mit so diplomatischer Vorsicht geleitet hatte. Die 27 kleinen Planeten, jetzt 29 da in derselben Nacht (Maerz 1.) MARTH in London und LUTHER zu Bilk (ce descendant du vilain Schismatique sagt der scheinheilige Abbé MOIGNO im ZACH'schen Klatsch-Journal du Kosmos) zwei neue Fragmente entdeckt haben! Die zunehmende Complication unseres Sonnensystems, die spiralförmigen Gruppirungen der Nebelflecke interessiren mich keineswegs so anhaltend, als die Weltbegebenheit der Trennung des BIELA'schen Cometen (23.—27.? Decbr. 1845.) Ich halte gern voreilig alle nordamerikanischen Phantasieen über die Genealogie der innern Cometen oder der geborstenen kleinen Planeten, aber jene Weltbegebenheit steht doch immer ominous da für die Möglichkeiten die man sich unabwendbar hervorruft. Dass das Ganze auf Täuschung beruhe wie ARGELANDER zu glauben scheint, auf zwei zufällig neben einander sichtbar gewordenen Cometen ist mir nicht wahrscheinlich. An den Ephorus rei religiosissime fidei in den 3 gekoppelten chinesischen Planeten ist auch wohl nur mit Vorsicht zu glauben. Mein Kosmos den ich nicht mit dem des Abbé zu verwechseln bitte (der zu Neptun-LEVERRIER übergehend, sagt qu'il fait abandonner les très anciennes affections III p. 570. 583!? Da ich mich gern selbst citire so melde ich Ihnen auch (es ist schon von ENCKE in unsern Berliner acad. Jahresberichten gedruckt und wird in wenigen Tagen in den interimistisch edirten A. N. weitläuftig erscheinen) dass das Sternschwanken bei Sternen unter $10°$ Höhe

und nur während der Morgendämmerung (nicht vor derselben) auch von VOGEL in Murzuck genau beobachtet worden ist (Kosmos III. p. 73 und 641) zu meiner Verwunderung horizontal 4 bis 5 Grad! Mit alter inniger Verehrung und tausend Entschuldigungen für meine Geschwätzigkeit

Berlin d. 6. März 1854. Ihr gehorsamster
AL. Humboldt.

Wie wunderbar doch die Engländer zu allen Zeiten sind! Der in der Geschichte der inductiven Wissenschaften ganz verständige Prof. WHEWELL Master of Trinity College Oxford, hielt es für absolut nothwendig, in einer eigenen Schrift von the Plurality of Worlds« zu beweisen dass kein anderer Weltkörper als die Erde von intelligenten Wesen bewohnt sein kann, da alle intelligente Wesen nach ihrer Natur sündhaft sind und die Erlösung (Kreuzigung) doch nicht auf so viel Million Rossischer Nebelflecken wiederholt werden könne.

47.
Gauss an A. v. Humboldt.

Ich habe lange gezögert, mein theuerster verehrtester Freund Ihnen meinen innigsten Dank auszusprechen, für Ihre warme, und meine herzliche Freude, für Ihre erfolgreiche Verwendung für den jungen WICHMANN. Zwei Umstände sind daran Schuld; erstens die indirecte, obwohl wie sich jetzt nach empfangener directer Nachricht ausweiset, sehr übertriebene gewesene Nachricht, dass es sich mit WICHMANN's Befinden so verschlimmert habe, dass es zweifelhaft geworden sei ob er die Reise noch werde ausführen können. Zweitens mein eigner Gesundheitszustand, der sich besonders seit Anfang dieses Jahres allmählig immer mehr verschlechtert hat, so dass mir das Sitzen am Schreibtisch selbst nur während einer kurzen Zeit ungemein sauer wird. Mein primitives Uebel, Verschleimung in den Luftwegen, und Schwierigkeit des Auswerfens, datirt freilich schon seit längerer Zeit, vielleicht 6—10 Jahr; aber an Intensität hat es allmählig immer mehr zugenommen und es haben sich nach und nach immer mehr andere Uebel daran geknüpft; Schlaflosigkeit, ungestümstes Herzklopfen bei der geringsten körperlichen

Anstrengung, z. B. Gehen nur auf ein Paar hundert Schritt, Steigen einer Treppe, etwas anhaltendes Sprechen, Sitzen am Schreibtisch etc. In der allerletzten Zeit sind auch geschwollene Beine dazu gekommen. — Doch ich will Sie mit Aufzählung meiner Klagen nicht weiter ermüden.

Hr. WICHMANN wird übrigens wie er mir schreibt seine Reise bald antreten und zunächst noch in diesem Monate über Berlin nach Dresden gehen; bei der Ungewissheit wie auf andere Art Briefe ihn sicher treffen, nehme ich mir die Freiheit ein Paar Zeilen hier an ihn beizuschliessen.

Sollten Sie es nicht unpassend finden, so möcht ich doch bitten, Ihrem liebenswürdigen König auszusprechen, wie tief ich von der ehrfurchtsvollsten Dankbarkeit durchdrungen ·bin für seine in dem Ass. WICHMANN der Wissenschaft selbst erwiesene königliche Wohlthat.

Die von Ihnen in nahe Aussicht gestellte ausführliche Nachricht von den Versuchen des H. VOGEL, habe ich bisher in den A. N. immer vergeblich gesucht; ich kenne nur den Bericht der im Februar der Monatsberichte der Akademie von ENCKE gegeben ist, und bedaure nur, dass dieser vergessen hat, mitzutheilen, aus welchen Gründen H. VOGEL gewiss ist, oder zu sein glaubt, dass die Erscheinung mehr als subjectiv ist.

H. WHEWELL hat mir sein Werk auch geschickt; ich will nicht in Abrede stellen, dass, wer streng an die buchstäbliche Wahrheit der christlichen Dogmen glaubt, kaum umhin kann, auch die WHEWELL'schen Schlüsse gelten zu lassen. Was ich aber nicht lobe, ist, dass H. WHEWELL seine Autoritäten, auf die er sich zu stützen zuweilen für gut findet, nicht ehrlich citirt. So legt er z. B. S. 43 BESSEL in den Mund: that those who imagined inhabitants in the moon and planets supposed them in spite of all their protestation, as like to men as one egg to another, und citirt BESSELs populäre Vorlesungen p. 31. Allein hier steht nichts derart. Ich kann bloss die Stelle p. 81 finden, die einigermassen passt, wo aber kein Wort von Planeten steht sondern lediglich vom Mond gesprochen wird. Uebrigens kann ich auch abgesehen davon der Autorität von BESSEL an dieser Stelle gar kein Gewicht beilegen. Denn es handelt sich hier ja nicht von einer wissenschaftlichen Frage, sondern nur von einer factischen, und um darüber wie er gethan so absprechend zu urtheilen, hätte er erst eine allgemeine Umfrage halten müssen. Bei mir wenigstens hat er nicht gefragt. Ich würde mich vielmehr so äussern: jeder der die Thatsache kennt wird Mondsbewohner, falls es solche gibt, für gänzlich anders gebauet halten müssen als die Erdbewohner, aber es wäre sehr voreilig, deshalb den Mond mir nichts dir nichts alle Einwohner abzusprechen. Die Natur hat mehr Mittel, als der arme Mensch ahnen kann.

Mit den herzlichsten Wünschen für Ihr Wohlbefinden

Göttingen 21. Mai 1854. Ihr treuster

C. F. Gauss.

48.
Gauss an A. v. Humboldt.

Hochverehrter Gönner und Freund.

Die unter dem 23. November an mich erlassene Aufforderung hat mich in einige Verlegenheit gesetzt. In der That ist meine Bekanntschaft mit den Verdiensten der jetzt lebenden deutschen Mahler so unvollkommen, dass ich kein competentes Urtheil darüber habe, welchem unter ihnen der Preis zuerkannt werden dürfe. Es bleibt mir sonach nur ein dreifacher Ausweg, nemlich

entweder diesmahl mich alles Mitstimmens zu enthalten;

oder einen Stimmzettel in Blanco auszustellen, wie hieneben geschieht, und Sie ganz gehorsamst zu bitten, den würdigsten Namen hineinzuschreiben, oder nach Ihrer Anweisung hineinschreiben zu lassen;

oder drittens, wenn diese Form unzulässig ist, Sie gehorsamst zu ersuchen, mir denjenigen, welchen Sie vorgezogen wünschen, gütigst zu bezeichnen, wo dann für das Weitere die erforderliche Zeit wohl noch übrig sein würde.

Zu meiner grossen Freude, erhalte ich über Ihr Befinden, so oft ich Gelegenheit habe, mich danach zu erkundigen, stets die erfreulichsten Nachrichten. Von mir kann ich nicht dasselbe rühmen. Alle meine Beschwerden nehmen an Zahl, Intensität und Hartnäckigkeit beständig zu.

Göttingen 3. Dec. 1854. Getreuest ergeben

Gauss.

49.
A. v. Humboldt an Gauss.

So wenig ich es auch loben kann, dass man Astronomen durch Bildhauer und Maler durch Geologen wählen lässt und das eine »freisinnige Institution« nennt (ich habe keinen Einfluss auf eine solche Einrichtung ausüben können!) so hat der Unverstand mir doch eine grosse, grosse Freude gebracht! Ich habe, hochverehrter College freundliche Zeilen von Ihrer Hand gehabt. Ihr Wohlwollen, Ihre Freundschaft ist mir wie ein Lichtpunkt im Leben geblieben. Ich lebe arbeitsam, aber unfroh, vereinsamt in einer bewegten Gesellschaft, getäuscht in vielen meinen Hoffnungen über die politischen Zustände meines Vaterlandes. Wo Druck ausgeübt wird, ist mit Verlegung des Schwerpunkts wenig geholfen. Meine Gesundheit hat sich, nach allem was ich dem Körper geboten, wundersam erhalten, doch leide ich oft an der Verdauung. Ich versteinere langsam, aber der Prozess fängt nicht vom Herzen an. Ich werde, nach Ihrer so liebreichen Erlaubniss, den Namen des alten, grossartigen, ernsten OVERBECK (seit 25 Jahren in Rom) in den Stimmzettel selbst schreiben. Er nimmt mit CORNELIUS die erste Stelle ein unter den deutschen Malern, er fehlte längst auf der Liste unseres Ordens. Ich bin tief betrübt zu hören, dass Ihre Beschwerden, Verehrter Gönner und Freund, »an Zahl und Intensität« zunehmen. Schonen Sie, ich beschwöre Sie im Namen Aller, die für deutschen Ruhm empfänglich geblieben sind, was Ihnen von Kräften übrig ist. Linderung ist auch Heilung. Wer so Vieles und Grosses geistig geschaffen, wer der electrischen Sprache, die jetzt über Meer und Land geht, zuerst Sicherheit, Maass und Flügel verliehen hat, der sollte in dem erneuerten Andenken des Geleisteten auch einen Keim zur Linderung finden.

Mit innigster und dankbarster Verehrung

Berlin d. 4. Dec. 1854.   Ihr getreuest ergebener

AL. Humboldt.

Ich strebe sehnlichst danach, dass DIRICHLET, der immer reines Gold gegeben, doch endlich hier empfange, was jenseits des Rheins ihm früher gegeben worden ist.

50.
Baum an A. v. Humboldt.

Göttingen, 28. Mai 1855.

Ew. Excellenz

wäre ich vor dem Tode unseres grossen Mathematikers wohl auf die Trauerbotschaft vorzubereiten verpflichtet gewesen, die jetzt je unerwarteter, um so schmerzlicher traf: aber ich war damals so ganz von der ärztlichen Pflege des verehrten Mannes, der in den letzten Monaten nur seine Tochter THERESE und mich um sich sah, in Anspruch genommen, neben meinen vielen Berufsgeschäften, dass ich deshalb um Nachsicht bitte.

Indem wir bei Anwesenheit von Prof. DIRICHLET, den wir jetzt mit freudigen Stolze den unsern nennen, viel über die letzten Gespräche mit Herrn GAUSS sprachen, ermunterte er mich, es E. E. mitzutheilen, dass GAUSS Ihrer in der letzten Zeit so oft und mit vieler Liebe gedachte. Ihr letzter Brief erfreute ihn besonders und er las ihn wiederholt und liess ihn sich von mir vorlesen. Als er einmal von der Besorgniss beschlichen wurde, das höhere Alter möge ihm vermehrte Beschwerden bringen, sagte er »dann tröstet mich der Gedanke an meinen Humboldt« — ein Epitheton, welches ich ihn zu keinem andern Namen habe setzen hören. — Er glaubte in der Uebersetzung von ARAGO's Werken mit Freuden Ihre Hand da zu erkennen, wo die Zahl derjenigen Männer besprochen wird, denen über exacte Untersuchungen ein endgültiges Urtheil zustehe: die Zahl werde im Original auf etwa 10, in der Uebersetzung auf etwa 8 angegeben: er meinte diese Beschränkung, die ihm ganz besonders zusagte, könne nur von E. E. ausgegangen sein.

Die letzten Tage seines Lebens waren durch die steigenden Beschwerden der Wassersucht, die sein sehr hypertrophisches Herz hervorbrachte, oft recht schmerzlich — aber er behielt doch immer dabei die Freiheit und Grösse seines Geistes, die zweifelloseste Ueberzeugung seiner persönlichen Fortdauer, die festeste Hoffnung auf dann noch tiefere Einsicht in die Zahlenverhältnisse, die Gott in die Materie gelegt habe und die er dann auch vielleicht in den intensiven Grössen werde erkennen können, denn ὁ θεὸς ἀριθμητίζει sagte er.

So consequent blieb er bis zum Ende, dass er noch in den letzten Wochen das Buch eritis sicut deus durchlas, nicht ohne Aerger, »denn die Leute sprächen darin über Dinge, welche zu beurtheilen ihnen alle Mittel abgingen«: aber er beendigte es dennoch, obwohl er einmal meinte, es habe ihm eine schlaflose Nacht gemacht.

Nur in den letzten 18 Stunden verliess ihn das Bewusstsein, nur dann und wann leuchtete es auf kurze Zeit zu einer Aeusserung der Liebe oder einem Wunsche wieder auf — dann schlief er ganz still ein.

Mögen E. E. diese wenigen Worte nicht unangenehm sein, die ich in ehrerbietigster und dankbarster Liebe schrieb, mit der ich, auch bis an mein Ende verharre

E. E. treu ergebenster

Baum.

Register.

Brief-nummer.	Datum.	Briefsteller.	Kurzer Inhalt der Briefe.
1.	1807 April 18	Perthes an Olbers	Ueber den Druck der Theoria motus.
2.	1807 Juli 14	A. v. Humboldt an Gauss	Sendung einer Schrift von Laplace.
3.	1809 Decbr. 28	» » » »	Dedication des astron. Theiles der Reise von Humboldt und Bonpland.
4.	1810 April 25	W. v. Humboldt an Gauss	Die erste Berufung nach Berlin.
5.	1810 » 27	» » » »	Ebenso.
6.	1821 März 14	Frau Hofräthin Waldeck an Olbers	Gauss bedrängte Lage betreffend.
7.	1821 April 14	Müffling an Gauss	Gauss zweite Berufung nach Berlin betreffend.
8.	1821 April 14	Müffling an v. Lindenau	Ebenso.
9.	1821 Novbr. 21	Lindenau an Gauss	»
10.	1823 Jan. 6	» » »	»
11.	1823 April 1	Müffling an Lindenau	»
12.	1823 April 20	Lindenau an Gauss	»
13.	1823 Juli 2	» » »	»
14.	1824 Novbr. 28	Müffling an Lindenau	»
15.	1824 Decbr. 4	Lindenau an Gauss	»
16.	1825 Jan. 4	» » »	Ueber Gauss abschlägige Antwort.
17.	1825 Jan. 6	Dierksen an Olbers	Ueber Gauss Berufung.
18.	1826 Mai 21	A. v. Humboldt an Gauss	Empfehlung von Dirichlet.
19.	1827 Febr. 16	» » » »	Ueber Dirichlet, Jacobi, Bessel, Laplace. Gauss Arbeit über die Strahlenbrechung.
20.	1828 Aug. 14	» » » »	Einladung zur Naturforscherversammlung in Berlin.
21.	1828 Sept. 8	» » » »	Freude über Gauss Zusage.
22.	1833 Febr. 17	» » » »	Ueber Gauss magnetische Arbeiten.
23.	1836 Juli 30	» » » »	Ueber magnetische Beobachtungen auf Island und in England.
24.	1837 Juli 27	» » » »	Ueber magnetische Beobachtungen.

Brief-Nummer.	Datum.	Briefsteller.	Kurzer Inhalt der Briefe.
25.	1837 Sept. 30	A. v. Humboldt an Gauss	Dank für freundliche Aufnahme, Besuch bei Caroline Herschel und dem König von Hannover. Ueber Sternschnuppenbeobachtungen.
26.	1837 Novbr. 30	„ „ „ „	Ueber Beobachtungen von Sternschnuppen.
27.	1837 Decbr. 25	„ „ „ „	Bedauern über die Göttinger Verhältnisse, Empfehlung von Dallas Bache.
28.	1838 Juni 9	„ „ „ „	Ueber den Protest der Göttinger 7 Professoren. Magnetische Beobachtungen aus Island etc.
29.	1839 März 23	„ „ „ „	Empfehlung von Plantamour etc.
30.	1839 Juni 18	„ „ „ „	Ueber Gauss allgemeine Theorie des Erdmagnetismus und andere magnetische Arbeiten.
31.	1839 Decbr. 22	„ „ „ „	Empfehlung von Bravais und Martins.
32.	1840 Febr. 21	„ „ „ „	Empfehlung von Cogswell.
33.	1840 Juni 24	„ „ „ „	Dank für eine Schrift und Empfehlung von Ettinghausen.
34.	1842 Juli 3	„ „ „ „	Ueber den Orden pour le mérite. Empfehlung von Dohrn.
35.	1844 Juni 14	„ „ „ „	Empfehlung von Eisenstein.
36.	1846 April 7	„ „ „ „	Bitte um eine Empfehlung für Eisenstein. Ueber Bessel's Idee der veränderlichen Polhöhe. Ueber Sonntagsbeobachtungen.
37.	1847 März 23	„ „ „ „	Empfehlung von B. A. Gould. Ueber den Kosmos. Ueber Encke und Raumer.
38.	1849 Juli 12	„ „ „ „	Humboldt gratulirt zum 50jährigen Doctorjubiläum und spricht gegen Gauss aus, dass er ihn schon nach seiner Rückkehr von Amerika für Preussen hat gewinnen wollen.
39	1851 Febr. 22	„ „ „ „	Ueber den Tod von Jacobi. Bitte um einige Zeilen zur Empfehlung von Eisenstein. Magnetisches.
40.	1851 Febr. 26	„ „ „ „	Ueber die Titius'sche Reihe, Jacobi's Papiere, Uebersetzung des Kosmos.
41.	1851 Oct. 26	„ „ „ „	Empfehlung von Schönlein. Ueber Eisenstein, den Kosmos, Fragen über Magnetismus.

Brief-Nummer.	Datum.	Briefsteller.	Kurzer Inhalt der Briefe.
42.	1852 April 25	A. v. Humboldt an Gauss	Ueber Eisenstein, Magnetisches.
43.	1853 Mai 5	» » » »	Vorschlag zu einer Wahl für den Orden pour le mérite. Ueber Tischrücken. Sein Befinden, über den Kosmos.
44.	1853 Mai 10	Gauss an A. v. Humboldt	Ueber den Vorschlag wegen der Wahl zum Orden pour le mérite. Ueber einen Apparat zum Beweise der Erdrotation, Tischrücken etc.
45.	1853 Decbr. 7	» » »	Gratulation. Ueber Dr. Wichmann.
46.	1854 März 6	A. v. Humboldt an Gauss	Persönliches. Ueber Dr. Wichmann. Ueber den Kosmos, die Vorrede zu Arago's Werken. Astronomisches.
47.	1854 Mai 21	Gauss an A. v. Humboldt	Ueber Wichmann. Persönliches. Astronomisches. Ueber Whewell's Schlüsse.
48.	1854 Decbr. 3	» » »	Wahlangelegenheit.
49.	1854 Decbr. 4	A. v. Humboldt an Gauss	Wahlsache. Theilnahme.
50.	1855 Mai 28	Baum an A. v. Humboldt	Ueber Gauss letzte Lebenszeit.